Depoimentos sobre
KINGDOM BUILDERS

Este livro é muito mais do que uma teoria ou apenas lindos pensamentos. Este livro comunica uma revelação extraordinária, uma revelação que não se baseia em um conceito aprendido na faculdade ou em um momento de inspiração; é o reflexo de uma vida que se dedicou totalmente à construção da igreja local e à extensão do Reino de Deus através da generosidade e levando-nos a compreender que vivemos para algo muito maior do que nós mesmos. Sou testemunha de que o Andrew viveu tudo o que as páginas deste livro nos falam por mais de 25 anos e sei que, assim como a mim, ele vai desafiar e inspirar você a elevar sua fé, sua generosidade e seu compromisso com o Reino de Deus para outro nível! Esses princípios são aplicáveis àqueles que estão apenas começando na aventura da fé e também àqueles que caminharam com o Senhor por muito tempo.

— **Chris & Lucy Mendez**, Pastores Líderes,
Hillsong Church Latin America

Tive o prazer de conhecer o Andrew de uma forma bizarra: sentamos juntos durante quatro dias, lado a lado, em uma conferência da Hillsong, em Sydney, e depois percebi que foi uma conexão divina. Desde então, tenho visto sua paixão em construir o Reino de Deus através da busca de Deus em primeiro lugar e, como consequência, a disponibilidade de coração, dons, talentos e recursos para que seja feita a vontade de Deus. Este livro é um tesouro para inspirar sua vida e um convite para ser um instrumento nas mãos de Deus. Você nunca mais será o mesmo! Obrigado, meu amigo, por trazer essa visão para o Brasil e para o mundo.

— **Costa Neto & Nenen Costa**, Pastores Seniores e Fundadores,
CCVideira

O Andrew é um amigo e um Homem de Deus, com uma história e um testemunho de vida inspirador. Neste livro que te irá prender a atenção do princípio ao fim, ele conta a sua história, de como Deus o levantou do "nada" para o mais do que suficiente. O ministério Kingdom Builders, iniciado pelo Andrew, tem abençoado vidas e igrejas pelo mundo inteiro. A nossa igreja, Hillsong Portugal, nunca mais foi a mesma desde que o mistério Kingdom Builders se iniciou. A leitura deste livro será, sem dúvida, uma fonte de inspiração para todos os que o lerem e abrirem o seu coração para o extraordinário que Deus pode fazer através de pessoas normais. A leitura de "Kingdom Builders" pode ser o início de uma jornada de mudança e propósito pela qual tens estado à espera. Lê-o com fé e coração e mente abertos. Um livro para ler, guardar e voltar a ler todos os anos. Que a tua aventura comece!

— **Mário & Amélia Boto,** Pastores Principais,
Hillsong Church Portugal

Nossa igreja estava indo para o seu sexto ano quando fui apresentado ao Andrew e, na primeira videoconferência com ele, eu já me apaixonei pela visão que Deus colocou no coração deste homem. Deus usou tanto a vida do Andrew: nosso povo foi liberto de sofismas e pensamentos destruidores; começamos a prosperar de maneira plena (Espírito, Corpo, Alma); famílias crescendo juntas no Reino de Deus; a nossa visão de contribuição ganhou mais sentido ainda e tudo se tornou mais leve e mais profundo. Prepare-se para um mergulho profundo e libertador através das páginas deste livro. Você será inspirado, confrontado, motivado, liberto e ativado para uma vida plenamente abundante em todas as áreas. Eu posso garantir: esse é um caminho sem volta; quem conhecia você antes não vai reconhecê-lo depois deste livro. Bem-vindo aos dias mais incríveis da sua vida. Obrigado, Andrew, por entrar na nossa vida e arrumar o nosso coração e a nossa motivação pelo Reino. Amamos você, amigo.

— **Felippe & Mariana Valadão,** Pastores,
Lagoinha Niterói

Andrew finalmente pôs em um livro seu coração e sua paixão pela igreja local e pelo bem-estar financeiro dela. Conheço o Andrew há 15 anos e, nesse período, tenho visto seu coração e sua paixão como um homem de família, um empresário astuto, um doador generoso para o Reino e um homem inspirador. A sua paixão por financiar o Reino é contagiante, e ele contribuiu com igrejas ao redor do mundo por meio do seu exemplo, dos seus ensinamentos e da sua revelação pessoal. Uma coisa é escrever sobre algo que você sabe, mas outra, totalmente diferente, é escrever sobre quem você é e o que você está fazendo. Com toda certeza, recomendo esse livro para cada membro de igreja e cada pastor ao redor do mundo como um recurso para edificar a fé e criar a mentalidade correta para liberar recursos para a construção do Reino.

— **André & Wilma Olivier,** Pastores Seniores,
Rivers Church África do Sul

Tenho o prazer de já conhecer o Andrew e sua família por 20 anos e sempre tive uma grande admiração pelo grande coração que essa família tem para fazer com que o Reino de Deus avance, inclusive em relação à área financeira. Como pastores locais, vimos o Andrew ministrar em diferentes contextos. Seja como palestrante ou como coach individual, Andrew tem sido uma parte vital da construção da nossa igreja no decorrer dos anos. Estou muito animado para fazer com que esse livro chegue às mãos do maior número possível de pessoas, pois sei que irá ajudá-las a serem bem-sucedidas em todas as áreas da vida, que é o grande objetivo do Andrew.

— **Thomas & Katherine Hansen,** Pastores Líderes,
Hillsong Church Denmark & Malmö

Ele é genuíno. O Andrew é alguém testado e aprovado. Conhecendo-o por tantos anos, vi e presenciei seu amor por Deus, seu amor por sua família e sua missão inabalável de financiar e construir o Reino de Deus por meio da igreja local. Leia, pense e aplique o que está escrito aqui; você será uma pessoa maior e melhor.

— **Mark & Leigh Ramsey,** Pastores Seniores,
Citipointe Church

O Andrew deve ser um dos homens mais inspiradores que eu já conheci. Tudo na sua vida comunica autenticidade e apoio para que outras pessoas sonhem em viver seu potencial máximo. Quando penso em sucesso, não vejo apenas finanças e status, mas sim um contexto mais amplo: Deus, Família, Amizades, Amor e Legado. Para mim, esse é Andrew Denton. A sua vida e a sua história são uma jornada de fé, de liberdade e de viver uma vida muito maior e melhor do que ele mesmo, utilizando aquilo que ele tem em mãos para abençoar outros e o Reino de Deus!

— **Brenden & Jacqui Brown,** Pastores de Campus,
Hillsong Church San Francisco

Andrew tem sido uma grande bênção para a nossa igreja. Sendo um membro fiel e de longa data na Igreja Hillsong, ele carrega consigo uma perspectiva perspicaz, inspiradora e libertadora sobre o que significa apoiar um pastor como um Kingdom Builder. Estou muito animado com este livro!

— **Kevin & Sheila Gerald,** Pastores Seniores,
Champions Centre Seattle

Tenho a honra de conhecer o Andrew há muitos anos. Junto a sua esposa Susan, Andrew tem vivido uma paixão implacável pelo Reino, demonstrada de várias maneiras, mas particularmente pelo dom que eles têm de contribuir. O livro do Andrew irá inspirá-lo e equipá-lo para viver e construir hoje para a eternidade.

— **Paul & Maree DeJong,** Pastores Seniores,
LifeNZ Nova Zelândia

Conheço o Andrew há muitos anos e o vi em um nível pessoal, vivendo a vida de acordo com a sua paixão: ensinar a outros. Deus, família e carreira florescem ao redor do propósito que ele encontrou em construir a igreja local. Cada vez que ele nos visitou na Suécia, ele nos trouxe grande revelação para nossa igreja sobre serviço e sobre como construir uma vida de propósito, seja na plataforma ou por meio de conversas individuais que ele teve com as pessoas. Este livro irá ajudá-lo de diferentes formas.

— **Andreas & Lina Nielsen,** Pastores Líderes,
Hillsong Church Sweden

Andrew Denton é um dos melhores homens que eu conheço. Existe algo absolutamente inspirador quando ouço a história dos seus começos modestos como um encanador que trabalhava duro até tornar-se o desenvolvedor bem-sucedido que é hoje. Junto a sua esposa Susan, a jornada de Andrew fala sobre coragem, determinação, fidelidade e generosidade sacrificial. O que está por trás da história do Andrew é sua obediência a Deus, que é o combustível que o envia ao redor do mundo para equipar e encorajar pessoas a descobrir e a cumprir o potencial dado por Deus a elas. Todos nós e a nossa igreja somos melhores por causa do seu investimento e temos sido desafiados a sermos fiéis no pouco, resolutos no muito e a avançarmos na construção do Reino.

— **Mike & Lisa Kai,** Senior Pastors,
Inspire Church Hawaii

Um encontro com Andrew Denton vai mudar sua vida assim como mudou a minha. O Andrew traz consigo muita verdade, sabedoria e autoridade quando falamos sobre a vida real no mercado. Que privilégio estar próximo de alguém que vive uma vida tão ampla e cheia de propósito a partir de um relacionamento profundo com Jesus.

— **Berend & Esther te Voortwis,** CEO, crowdbutching.com

Sou grato a Deus por me permitir conhecer Andrew Denton. Como empresários, nós somos bons em focar NAQUILO que fazemos e COMO fazemos, mas, muitas vezes, nós esquecemos POR QUE fazemos. A mensagem do Andrew sobre como conduzir nossas vidas e negócios por meio de princípios do Reino - e mais importante ainda, por meio dos propósitos do Reino - mudou minha perspectiva sobre meu Deus e me trouxe um chamado como empresário.

— **David & Maren Reme,** CEO, Reme Holdings AS Norway

KINGDOM BUILDERS

COMO IR **COM TUDO** EM UMA VIDA
QUE TRANSFORMA VISÃO EM REALIDADE

Andrew Denton

Prefácio de Brian Houston

Usado com autorização. Primeira edição, 2020
Dados Internacionais de Catalogação na Publicação

ISBN 978-1-922411-18-1 (brochura)
ISBN 978-1-922411-19-8 (ebook)

Projeto gráfico e capa: Felix Molonfalean
Fotografia de capa: Tony Irving
Tradução: Moisés Costa Cona

*À **Susan** — você é um verdadeiro presente de Deus e a Kingdom Builder original no meu coração. Esse livro é possível somente por causa do seu amor, da sua fé e por acreditar em mim. Obrigado por dizer "sim" para esse australiano grande e feio.*

*Aos **meus filhos** — vocês são abençoados para abençoar. Eu sei que vocês sabem disso e minha oração é que vocês sempre sejam a cabeça, e não a cauda. Mantenham a fé, permaneçam no caminho, e saibam que sua mãe e eu amamos vocês.*

*Aos **Kingdom Builders** de todo o mundo — continuem avançando. Continuem servindo. Continuem amando. Continuem contribuindo. Continuem liderando. E sejam "inofendíveis".*

"Deus Pai, eu oro hoje:
que a Tua vontade seja feita.
Tu prometeste guiar meus passos.
Ajuda-me a tomar decisões sábias.
Mas dê-me favor diante das pessoas.
Amém."

ÍNDICE

Prefácio de

———

BRIAN HOUSTON

Andrew Denton é o tipo de homem que todo pastor quer em sua congregação.

Ele é ousado e honesto. Ele merece nossa confiança e tem autoridade espiritual. Ele é um bom marido, pai e avô. E ele conta para todo mundo que ele não é pastor, mas cuida de pessoas e se dedica incondicionalmente aos demais, tanto quanto - ou talvez mais ainda do que - qualquer outro pastor que eu conheça.

Eu ainda me lembro do dia em que ele se sentou à minha frente para um café na Conferência da Hillsong e confessou que estava sentindo o "chamado" para ir e levantar Kingdom Builders pelo mundo. Ele sentiu que deveria compartilhar sua história e permitir que ela inspirasse outros a fazer o mesmo. Não havia qualquer ambição em seu tom. Ele não estava tentando construir uma plataforma para si mesmo nem fazer seu nome conhecido. Ele apenas queria que outros tivessem a experiência da bênção que ele mesmo experimentou por meio da obediência a Cristo.

Quando paro para refletir sobre os outros homens, mulheres e famílias da nossa igreja que representam nossos Kingdom Builders, a palavra que me vem à mente é FIDELIDADE. Pessoas que, como Andrew, reconhecem a fidelidade de Deus em suas próprias vidas e que, fielmente, atenderam ao chamado de Deus para amar seu vizinho, cuidar dos pobres e alcançar os confins da Terra com as boas novas do Evangelho de Jesus Cristo.

Os Kingdom Builders da nossa própria igreja fizeram sacrifícios pessoais significativos para que a visão e a missão da nossa igreja pudessem dar saltos gigantes para frente, e eu não sei onde estaríamos sem eles. Eles se desdobram e expandem suas fronteiras. Eles acreditam que suas vidas podem ter um impacto significativo na construção daquilo que o próprio Deus disse estar construindo - Sua Igreja. O fruto das salvações que vemos na Igreja Hillsong, semana após semana, é fruto deles também, nascido de um coração focado em fazer com que a Hillsong - o lugar em que estão plantados - seja uma CASA para outros.

Eu acredito que todo pastor precisa ter um grupo central de homens e mulheres como eles. Pessoas que amam a Casa de Deus. Pessoas comprometidas a apoiar a visão do que plantam, a confiar e a apoiar a liderança, e que colocam a serviço de Deus aquilo que eles mesmos receberam.

Faltam palavras para encorajá-lo ainda mais a se debruçar sobre essa mensagem e sobre os princípios que o Andrew compartilha. Se você é um pastor, ore para que Deus traga a você Kingdom Builders que o ajudem a avançar com a sua visão e a dar glórias a Deus. Se você é um empresário, um pai ou mãe que fica em casa ou um jovem que acabou de começar a faculdade, ou tem qualquer outra ocupação, eu oro para que Deus fale com você pessoalmente sobre o papel que você pode ter, onde Ele quer levá-lo e como Ele quer usar a sua vida para servir o mundo ao seu redor.

O Corpo de Cristo está cheio de homens e mulheres inovadores fazendo a diferença e que reconhecem que os Kingdom Builders são construtores da igreja; eles reconhecem que suas vidas têm um significado maior do que uma perspectiva pessoal; eles são homens e mulheres que têm uma revelação do PROPÓSITO e da CAUSA para os quais eles vivem. Eu oro para que você também receba essa revelação...

"Amem o Senhor, todos vocês, os seus santos!
O Senhor preserva os fiéis..." (Salmos 31:23 NVI)

Que o Senhor abençoe você e a sua família.

— **Brian Houston**
Fundador Global e Pastor Sênior, Hillsong Church
Autor do bestseller *Viva, Ame, Lidere*

Conselho de Irmão

———

PHILL DENTON

As primeiras lembranças que tenho do meu irmão, Andrew, são essas: ele sempre estava trabalhando e ele tinha uma barba.

Eu tinha 10 anos quando ele se mudou de casa e 27 anos quando nós começamos um negócio juntos. Vinte anos depois, não consigo me imaginar sendo sócio de ninguém mais ou fazendo qualquer outra coisa com a minha vida.

Nós dois fomos abençoados com o passar dos anos e buscamos ser bênção para outros.

Este livro é a história do Andrew. Com o passar dos anos, eu estive ao seu lado, ombro a ombro, e testemunhei o modo em que Deus abençoa passos de fé.

Meu conselho para todos os que leem é simples: você pode fazer alguma coisa.

Você pode dar e doar. Não importa a quantia. O que importa é que seja um passo de fé. Algo que o desafie. Se você está pensando nisso, então basta você tentar. Acredite nisso. Vá com tudo.

Eu espero que esse livro ajude você a tomar seu primeiro passo, especialmente se você está sendo instigado ou incomodado. Aquela pontada que você sente nas costelas é Deus dizendo: "Dê o salto."

— Phill Denton
Membro do Conselho, Hillsong Church
Kingdom Builder

UM CONVITE PARA VIVER COM ——————— TUDO

Quero começar com um aviso: eu nunca terminei meus estudos. Sou simplesmente um encanador australiano vestindo roupas limpas. Não existe nada de especial em mim. Exceto pelo fato de que escolhi ir "com tudo" com Deus.

E isso me traz ao objetivo deste pequeno livro: acredito que fui chamado para mobilizar uma tribo de pessoa que também vão "com tudo" com Deus.

Pessoas como Susan - a minha esposa - e eu.

Cristãos que escolheram ser fiéis com aquilo que temos, para que Deus possa abrir as comportas dos céus.

Estou escrevendo este livro porque acredito que Deus está levantando um exército de Kingdom Builders ao redor do mundo.

Eu uso o termo Kingdom Builders (Construtores do Reino) porque não somos chamados para sermos passageiros do Reino.

Não somos chamados para sermos consumidores do Reino.

Não.

Somos chamados para sermos Kingdom Builders.

Eu sei algumas coisas sobre construção, pois é isso o que tenho feito por toda a minha vida.

Ser um Kingdom Builder não tem a ver com inteligência, habilidades ou posição social.

Não tem nada a ver com a sua situação financeira.

Acredite em mim. Minha esposa e eu não tínhamos muito quando decidimos tomar nosso primeiro passo de fé. Naquela época parecia impossível, mas confiamos em Deus e Ele nos abençoou mil vezes mais.

Creio genuinamente que somos abençoados para abençoar. Eu nem sempre pensei assim. Agora, minha única missão na vida é compartilhar essa verdade simples e também transformadora.

Deus está convidando você para ajudar a construir Seu Reino.

Sim.

Ele está chamando você para ser um Kingdom Builder.

Ser um Kingdom Builder tem a ver com fé.

Acreditar nas promessas das Escrituras. Tomar decisões sábias. E seguir a Deus diariamente.

Quero enfatizar "diariamente". A fé é uma jornada de um momento após o outro com Deus.

Nas próximas páginas, compartilho a minha história e as histórias de outros que ouviram o chamado de Deus para financiar o Reino. Pessoas normais como você, que despertaram para a alegria daquilo que significa viver uma vida generosa. Cristãos que ultrapassaram os limites e decidiram colocar Deus em primeiro lugar em todas as áreas das suas vidas.

Espero que você se junte a nós.

———

EXATAMENTE A MESMA FÉ

Meu bisavô foi expulso da Igreja Batista por ser muito espiritual. Ele era um simples operário, assim como eu, que foi salvo de uma maneira radical. Vovô Denton foi meu primeiro exemplo do que significava ser um cristão "com tudo". Ele costumava pregar nas esquinas das ruas de Sydney sobre o único e verdadeiro Deus.

Sou grato a ele por determinar o caminho para que a família Denton fosse constituída por várias gerações de cristãos. Seu filho, Sidney, meu avô, era pastor. Meu pai, Barry, também era. Do lado da família da minha esposa, o cristianismo também remonta a várias gerações. Temos uma rica herança cristã.

Minha esposa Susan e eu temos três filhos: Jonathan, que é casado com Kmy e que nos deu nosso primeiro neto, Dallas, e nossa neta, Daisy; Mitchell, que é casado com Elisabetta; e nossa filha, Anna, que é casada com Ehsan e nos deu nossa neta, Sage.

Todos os nossos filhos estão na igreja e servem a Deus.

Nasci em 1965, em Bowral, Nova Gales do Sul, na Austrália. Estive na igreja na maioria dos domingos durante os últimos 55 anos. Cresci habituado com a igreja. Ser filho de um pastor pode levá-lo direto para o ministério ou para bem longe de pastorear qualquer coisa. Eu escolhi surfar e trabalhar.

Não me entenda mal, eu amo os pastores. Só não quero ser um.

Eu ainda sinto o mesmo hoje. Na verdade, o meu comentário inicial quando me levanto para compartilhar a mensagem dos Kingdom Builders é a seguinte:

"Eu não sou um pastor. Não sou funcionário na Igreja Hillsong. Não sou um palestrante itinerante. Não é isso que eu faço para viver. Noventa e nove por cento do tempo, eu sento na congregação como você - porque eu sou você!"

A única diferença entre o velho Andrew e o novo é que hoje eu sei quem eu sou. Eu sei o meu propósito na vida: financiar o Reino.

Nem sempre pensei assim. Sendo criado como filho de um pregador pentecostal nos anos 60 e 70, herdamos uma mentalidade de pobreza. Basicamente, isso consiste na crença de que, se você é rico, você é desonesto; o dinheiro era, definitivamente, a raiz de todo o mal. Tal ensinamento era tudo o que eu sabia.

Meu pai sempre teve um trabalho extra para complementar o salário de pastor. Eu sabia quando era o fim do mês porque comíamos espaguete a semana toda no jantar.

No entanto, existia algo sobre a mentalidade da pobreza que não se encaixava bem para mim, mas eu não conhecia outra maneira de pensar sobre finanças naquela época.

Em casa, a igreja vinha em primeiro lugar, e a família, em segundo.

Nunca fui um aluno que se destacava na escola. Na verdade, eu detestava e faltava em muitas aulas. O mar era o lugar onde eu me sentia mais em paz, aceito e desafiado. Eu surfo a minha vida inteira. Eu surfava antes da escola, depois da escola e durante a escola. Então, assim que fui legalmente permitido parar de estudar, eu parei.

Aos 15 anos, abandonei a minha educação formal para entrar no mercado de trabalho, sem ter nenhum plano real, a não ser conseguir uma posição como aprendiz em alguma empresa.

Eu não tinha ideia do que queria fazer, então fui para a Noite de Carreiras em uma feira de profissões. Para ser honesto com você, eu queria ganhar o máximo possível fazendo o mínimo necessário.

Eu fui de mesa em mesa naquela noite, fazendo uma simples pergunta:

"Quanto você paga?"

Ser aprendiz de encanador era o que pagava melhor, então decidi me tornar encanador.

Não pesquisei nada. Não pensei no futuro. Fui por quem pagava mais.

Enviei um punhado de currículos para potenciais empregadores e fui a algumas entrevistas antes de fazer uma longa viagem para surfar com um grande amigo. Mais ou menos uma semana antes de voltar para casa, liguei para minha mãe, que não recebia notícias minhas há semanas. Eu disse a ela que estaria em casa na terça-feira seguinte.

A resposta dela foi bem simples e chocante: "Ótimo. Você tem um emprego e seu primeiro dia é na quarta-feira!"

Então comecei minha vida profissional como aprendiz de encanador.

Uma coisa que meu pai me ensinou foi trabalhar duro. Sou grato por isso, mas eu não entendia nada sobre finanças. Foi somente quando conheci minha namorada, e futura esposa, Susan, aos 16 anos, que comecei a ter um melhor entendimento sobre dinheiro.

Eu a conheci na igreja, num domingo de manhã. Alguém que conhecia a igreja do meu pai recomendou que ela viesse conhecê-la. Ainda me lembro do que ela estava vestindo na primeira vez em que a vi.

Dizer que ela impressionou esse cara australiano grande e feio seria um eufemismo. Ela tinha essa certeza inabalável de que Deus tinha muito mais para ela.

Uma das primeiras perguntas que ela me fez foi: "Qual é o seu plano de cinco anos?"

Eu respondi: "O que é isso?"

E ela disse: "Você sabe, quais são os seus objetivos e sonhos para o futuro?"

Eu me sentei ali olhando para ela. Nunca havia pensado além do fim de semana que estava chegando. Eu não sabia o que dizer.

O único pensamento que me veio à cabeça foi: "Eu queria ter um carrão!"

Susan ficou chocada. Ela não conseguia acreditar que

eu nunca tinha sonhado em ter meu próprio negócio ou minha própria casa. Todas as coisas que ela desejava ter desde os 10 anos!

Susan me ensinou sobre finanças. Ela sempre economizou.

Na verdade, quando eu a conheci, ela estava na sua primeira parada de uma viagem pelo mundo que ela havia planejado economizando suas mesadas desde quando ela era uma garotinha. Ela viu que precisava sair nessa grande aventura para, depois, comprar sua primeira casa na Nova Zelândia. Como comprar uma casa era uma enorme despesa e um grande compromisso, ela sabia que não faria outra coisa além de trabalhar depois disso. Por isso, ela decidiu fazer uma viagem de férias para a Austrália primeiro.

Agora, aos 19 anos, como uma cabeleireira neozelandesa qualificada, o caminho dela cruzou com o de um cara australiano bem alto, que até poderia trabalhar duro, mas que não tinha nenhum plano para o futuro.

Dois anos depois, compramos nossa primeira casa juntos. Susan deu a maior parte do depósito e eu assinei também, porque, naquela época, era necessário um homem para conseguir uma hipoteca. Eu tinha apenas 18 anos e estava no terceiro ano do meu programa de aprendiz naquele momento, mas ela conseguia ter uma visão mais ampla daquilo que Deus estava fazendo.

Durante mais de dois anos, morei em uma casinha de tijolos vermelhos na Rua Nattai, com um bando de amigos, até que nós finalmente nos casamos. No nosso primeiro aniversário de casamento, descobrimos que Susan estava grávida. A vida de repente se tornou muito difícil. Fiquei apavorado quando ela me contou a notícia. Pela primeira vez na vida, percebi que era responsável por outra pessoa.

Jonathan nasceu e nós ficamos apenas com um salário. As taxas de juros na Austrália estavam na maior alta histórica de todos os tempos em 1987, em torno de 18%. Eu tinha a tarefa monumental em minhas mãos de prover para a minha família e fiz o que meu pai me ensinou a fazer: trabalhei duro.

Durante os 10 anos seguintes, eu me esforcei. Nunca tive medo do trabalho.

Seis dias por semana? Sem problemas.

Dezoito horas por dia? O Andrew consegue.

Não me arrependo desses primeiros dias. Aprendi muito sobre fidelidade e sobre cumprir as minhas promessas.

Quando eu tinha 21 anos, um profeta veio visitar a igreja do meu pai. Eu o conhecia desde quando eu era criança e o havia escutado pregar muitas vezes antes, por isso não esperava o que estava prestes a acontecer.

Ele falou à congregação e passou a profetizar para mim sobre o manto do ministério que estava sobre meu pai, que era pastor, sobre meu avô, que também foi pastor, e até mesmo sobre o meu bisavô. Ele profetizou que o manto do ministério deles era o mesmo manto para mim.

Ele também profetizou que meu ministério seria um que nem todo mundo poderia realizar.

Dizer que fiquei chocado naquele dia seria um eufemismo.

Quero dizer, eu tinha certeza que não queria ser pastor. Então discordei dele sobre esse detalhe. Mas o que era esse outro ministério?

Ser pastor não é o único ministério? O que mais ele poderia querer dizer? Eu estava confuso. Aquilo ficou em algum lugar escondido da minha memória e me esqueci completamente desse episódio.

A próxima fase da minha vida foi dedicada a trabalhar em tempo integral como encanador para outra pessoa, ao mesmo tempo em que eu também tinha meu próprio negócio de encanamento e uma empresa de marketing multinível.

Trabalho, trabalho e mais trabalho. Era só o que eu fazia.

Parte meu coração admitir isso, mas não tivemos férias em família por oito anos.

Durante essa época da vida, me tornei um homem muito chato, cansado e deprimido. Eu ainda ia à igreja com a minha família, ainda estava cantando as canções de louvor e adoração, mas eu estava morto por dentro.

Nunca vou esquecer o dia em que cheguei em casa às cinco horas da manhã para tomar banho e jantar rápido, antes de voltar ao trabalho. Foi nesse momento que a Susan me disse: "Você sabe que eu sou uma mãe solteira com três filhos, não é?"

Na minha ignorância e em minha defesa, eu disse: "Que coisa mais estúpida. É claro que você não é uma mãe solteira! Você é casada comigo!"

Ela respondeu: "Isso não muda o fato de eu ser uma mãe solteira com três filhos."

Eu revidei de novo para ela: "Bem, eu estou aqui, não estou?"

E ela revidou também: "Você nunca está aqui, Andrew. A única coisa que você faz é trabalhar, trabalhar e trabalhar!"

Nesse ponto eu já estava irritado, mas passei para um ponto de raiva e disse: "Estou fazendo isso pela família."

"Qual família?", Susan disse. "Andrew, algo precisa mudar!"

Saí de casa, bati a porta atrás de mim, entrei na minha caminhonete e fui embora. Eu só dirigi alguns quilômetros pela estrada antes de precisar encostar. Eu estava chorando por causa do que tinha acabado de acontecer. Não foram poucas lágrimas, nem as mais bonitas.

Eu estava com raiva e chateado.

Esse não era o local que eu queria estar na vida. Veja, eu era um verdadeiro viciado em trabalho, correndo o risco de perder minha família.

Eu não tinha nenhum propósito, não tinha nenhum motivo verdadeiro por trás das minhas escolhas diárias. Percebi que só estava cuidando da minha família no âmbito financeiro, mas que não estava cuidando dela de fato. Eu estava trabalhando demais e não sabia mais onde me encaixava na minha família, nem como ser um marido presente, um pai e um homem de família.

Sentando dentro da minha caminhonete no acostamento da estrada, com lágrimas escorrendo pelo meu rosto, eu soube que precisava de ajuda.

Dei meia volta com minha caminhonete e dirigi direto para casa para encontrar Susan. Pedi desculpas pelas minhas ações e pela forma como estava vivendo. Ela sugeriu que eu fosse falar com um dos pastores da igreja.

Eu sabia que ela estava certa, mas odiava aquilo que ela estava pedindo que eu fizesse. Até aquele momento da minha vida, sempre pensei que aconselhamento era para pessoas fracas. Então engoli meu orgulho e procurei ajuda.

Falar com um dos nossos pastores foi algo muito precioso. Ele me apontou de volta para Jesus e disse que eu precisava pedir a Ele direcionamento para minha vida e para as mudanças específicas que eu precisava fazer.

Com muita dedicação, comecei a orar e a buscar a Deus como nunca havia feito antes na minha vida.

Algumas semanas depois, fui a um acampamento de homens que minha igreja, a Igreja Hillsong, estava realizando. Foi lá que meu pastor, Brian Houston, pregou uma mensagem sobre a "Fé do Centurião", em Mateus 8:5-13.

Eu estava sentado na primeira fileira, não porque eu fosse especial, mas porque estava ávido, aberto e pronto para aprender.

Naquela época éramos a maior igreja da Austrália após 14 anos do início da nossa jornada, com milhares de membros, mas não tínhamos um prédio.

Agora, deixe-me dizer-lhe algo sobre a Igreja Hillsong: os pastores Brian e Bobbie Houston foram pioneiros nessa igreja desde quando se reuniam em uma sala de aula em uma escola, em 1983, até chegar nessa próspera congregação global que ela é hoje. Mas os números nunca foram o ponto central.

Eles usaram todos os recursos que tinham para construir a comunidade. A riqueza da nossa igreja — vou dizer isso várias vezes ao longo deste livro — são as PESSOAS.

O mais importante nos prédios não são as tecnologias mais recentes, nem o prestígio, nem erguer monumentos para nós mesmos. O mais importante neles é que sejam o abrigo do trabalho de Deus e um espaço que facilite com que as pessoas encontrem uma comunidade, encontrem amizades e, claro, encontrem um relacionamento com Jesus.

Estávamos usando todos os meios que tínhamos para nos reunir e crescer — salas de aula e centros comunitários — mas sempre à mercê de um proprietário. Muitas horas do nosso precioso tempo como voluntários eram gastas entrando e saindo de locais e salões, em vez de construirmos algo para o nosso futuro.

Isso frustrava demais um visionário como o pastor Brian. Todos os dias nossa igreja estava cheia de pessoas fiéis e trabalhadoras — não de ricos milionários. A solução parecia impossível. Foi nessa estação que Deus deu ao pastor Brian uma palavra de que não se tratava de encontrar um ou dois indivíduos mais abonados para carregar a carga; tratava-se de criar uma geração inteira de homens e mulheres generosos que carregassem a visão a longo prazo, acreditando que Deus também queria abençoá-los para eles pudessem abençoar.

Foi então que Deus falou a ele uma mensagem sobre a fé do Centurião, e ele a declarou para nós naquele acampamento de homens. Foi exatamente no momento em que eu estava em um ponto de ruptura na minha própria vida.

Essa é uma história famosa. Aqui está minha versão parafraseada: o Centurião vem a Jesus e pede a Ele para que cure seu servo. Jesus disse: "Claro, vamos para sua casa curar seu servo."

O Centurião respondeu: "Espere, Jesus. Primeiro, não sou digno que venha à minha casa. Segundo, você nem precisa vir à minha casa. Basta que diga uma palavra e meu servo será curado."

E as Escrituras nos dizem que Jesus ficou espantado com a fé daquele homem.

O Centurião diz: "Fé? Isso não tem nada a ver com fé, tem a ver com autoridade. Sou um homem de autoridade e, na verdade, sou um homem sob autoridade. Eu digo a este homem: 'Vá para lá.' E ele vai. Você não é assim também, Jesus? Você é um homem de autoridade. Então basta dizer uma palavra e meu servo será curado."

O pastor Brian disse em sua mensagem que o Centurião tinha 100 homens sob sua autoridade, que fariam o que fosse necessário, não como robôs, mas como participantes dispostos pela causa de Roma.

O pastor Brian, então, disse: "Pessoal, isso é incrível. Como seu pastor sênior, eu descobri o que eu preciso. Preciso de 100 homens que façam o que for necessário para o bem do Reino, não como robôs, mas como participantes dispostos pela Causa de Cristo. A primeira coisa que vou pedir a esse grupo é arrecadar $1 milhão além dos dízimos e das ofertas normais.

Quando ouvi o pastor Brian dizer essas palavras, foi como um estrondo: "Este sou eu" — meu coração saltou pela boca!

Eu não tinha ideia de como iria arrecadar esse dinheiro. Contudo, fui direto ao pastor Brian, aos prantos, e disse: "Estou dentro."

Tenho certeza que ele olhou para mim e pensou: "Uau, que legal, Andrew. Isso vai ser interessante." Porque naquele momento da minha jornada, minha vida estava uma bagunça.

Naquela noite, reuni ao redor do pastor Brian alguns outros homens. Oramos por ele e foi assim que teve início os Kingdom Builders.

Era 1996. Esse dia foi fundamental no meu testemunho e no testemunho da Igreja Hillsong.

Se você conhece um pouco sobre igreja e sobre finanças, você sabe que os dízimos e ofertas semanais são o que mantêm as luzes acesas e, se tudo der certo, pagam o salário do pastor. São as ofertas "adicionais" que ajudam a igreja a dar grandes saltos de fé, comprar prédios, abrir locais satélites e difundir o Evangelho pelo mundo.

Em 1997, chegou o momento da primeira oferta dos Kingdom Builders.

No primeiro ano de Kingdom Builders, Deus disse a Susan e a mim que fizéssemos um cheque de $5 mil. Poderia ter sido também de $5 milhões. Na época, eu trabalhava em dois empregos e administrava outro negócio trabalhando de casa. Naquele ano, deixei meu trabalho noturno para poder ficar com minha família.

E você sabe o quê? Nós fizemos esse cheque.

De alguma forma, mesmo tendo menos, Deus nos abençoou com mais.

Foi um passo de fé para nós como família, mas Susan e eu sabíamos que era isso que Deus estava nos chamando para fazer.

No primeiro ano que demos esse passo de fé, fizemos

mudanças enormes nas nossas vidas. Foi assustador, mas também muito empolgante. Foi o primeiro ano em que não confiei no Andrew. Foi incrível. No final do ano, tínhamos esses $5 mil para depositar no recipiente de ofertas.

Então eu disse à minha esposa: "Vamos fazer de novo."

Lembro-me claramente também de trazer as crianças nessa jornada. Eu disse a eles: "No ano passado, demos $5 mil. Este ano, vamos dar $15 mil."

Na época, estávamos dirigindo um carro de $10 mil. Uma das coisas que fiz para aumentar a capacidade na minha vida foi vender meu lindo carro e comprar um mais barato. Foi bom para o meu ego e também fiz isso porque eu precisava viver com uma convicção recém-descoberta: a oportunidade vem para aqueles que se preparam.

Adicionei tempo na minha vida novamente. Em relação às finanças, adicionei capacidade na minha vida novamente. Engoli o meu orgulho, mas consegui fazer um cheque de $15 mil.

Lembro-me de pensar muito claramente no estacionamento da igreja: "De novo, isso é assustador. É exatamente a mesma fé para dar $15 mil como foi no ano passado para dar $5 mil."

Foi incrível.

Apenas dois anos depois, fizemos um cheque de $80 mil.

Dois anos depois, fizemos um cheque de $240 mil. Isso estava me surpreendendo.

Lá estava eu, durante 10 anos escravizando meus dias, confiando totalmente no Andrew, mas, basicamente, falhando em todas as áreas da minha vida. Agora, estávamos aqui, alguns anos depois, e a única coisa que tínhamos feito diferente foi responder a esta pergunta: "Confiamos em Deus ou não?"

Era irmos "com tudo" ou "com nada".

Aqui estávamos fazendo um cheque de $240 mil somente alguns anos depois.

Por quê?

Porque tínhamos escolhido ir "com tudo" e acreditar nas promessas de Deus.

Até aquele momento em que fizemos o cheque de $5 mil, Susan e eu dávamos somente o dízimo. Depois que decidimos ultrapassar os limites e dar em sacrifício, Deus arrancou a tampa para poder encher nossas vidas.

O cheque de $5 mil foi usado para a construção do primeiro prédio da Hillsong. Susan e eu estávamos lá na inauguração, na seção dos membros chorões. À noite, foi profetizado que, no futuro, a Igreja Hillsong veria vários cheques de um milhão de dólares.

Os australianos podem ficar bem animados quando precisam, e houve uma grande salva de palmas. Ela durou muito tempo. Sei que foi por muito tempo porque eu e minha esposa tivemos uma boa conversa durante a salva de palmas.

Lembro-me de dizer: "Isso é loucura."

Susan me disse: "Não seria incrível se pessoas comuns em nossa igreja pudessem se erguer e dar desse mesmo modo, e não apenas os milionários que são salvos?"

Lembro-me de pensar comigo mesmo: "Isso é ridículo. Está além do que você pode pedir, pensar ou imaginar.

Isso é realmente uma loucura."

Mas o Espírito Santo falou através da Susan naquela noite. Acho que ela não sabia. Com certeza, eu não tinha ideia de que, em oito anos, meu irmão Phillip, sua esposa Melissa, Susan e eu juntos faríamos aquele cheque de $1 milhão do nosso negócio.

Deu medo?

Com certeza.

Estava empolgado?

De uma maneira inacreditável.

Mas não foi mais assustador ou mais excitante do que quando assinamos os $5 mil, pois era exatamente a mesma fé.

Quando meu irmão Phill e eu fizemos aquele cheque de $1 milhão, lembro-me de dizer: "É melhor não colocarmos no recipiente das ofertas. Imagine se alguém perde isso aqui? Vamos marcar uma reunião com o pastor Brian."

Quando entregamos o cheque, ele me olhou diretamente nos olhos e disse: "Você sabe, eu não vou tratá-lo de forma diferente das outras pessoas."

Eu disse: "Ótimo. Na verdade, por favor, não diga a ninguém quem deu isso, porque, em algum momento neste fim de semana, algum outro casal vai dar $5 mil e isso vai exigir exatamente a mesma fé."

E, todos os anos, continuamos dando passos de fé. Os cheques de hoje têm mais zeros, mas é exatamente a mesma fé de quando demos $5 mil. Exatamente a mesma fé.

Nos últimos seis anos, Deus me levou para todas as partes do planeta para levantar pessoas que irão "com tudo". Os Kingdom Builders que vão financiar a Causa de Cristo. Homens e mulheres que, voluntariamente, vão se sacrificar e doar para fazer o Reino avançar.

Talvez você seja assim como eu era em 1996: perdido, cansado e procurando um propósito.

Eu arriscaria dizer que o seu propósito é ajudar sua igreja local além do que até mesmo o seu pastor principal pode pedir, pensar ou imaginar.

Susan e eu fomos abençoados para podermos abençoar.

Você tem o mesmo chamado e a mesma oportunidade.

Espero que as próximas páginas possam ajudá-lo a encontrar coragem para responder ao chamado para financiar o Reino.

Dividi o livro em três partes: "Os Princípios", "Os Parceiros" e "A Prática".

A primeira seção vai ajudá-lo a entender biblicamente o que significa ser um Kingdom Builder. A segunda seção vai ajudá-lo a entender e identificar a equipe que você precisará ao seu redor para que você seja fiel. A seção final é um guia prático para ajudá-lo a começar e a progredir, independentemente do que aconteça.

Pessoas do mundo todo me perguntam se Kingdom Builders é algo exclusivo, e sempre respondo: "Sim, é exclusivo. Mas todos estão convidados."

Você decidirá ser um Kingdom Builder?

Eu espero que sim. Não é fácil. Mas é incrivelmente simples.

Veja como...

PARTE UM

OS PRINCÍPIOS

MINISTÉRIO DO QUÊ?

———

Como eu disse no capítulo de abertura, eu não sou um pastor.

Meu ministério não é pastorear pessoas.

Não é liderar da plataforma no louvor e na adoração.

Meu ministério é financiar o Reino.

E para mim, é fácil confiar no meu pastor e fazer a minha parte. Nós dois fomos chamados para o ministério.

Em 29 anos como membro da Igreja Hillsong, nunca estive em uma reunião da igreja em que ninguém foi salvo. Já estive em muitos lugares do mundo, em vários tipos de reuniões da igreja, e eu vi os frutos.

Agora não é mais difícil fazer um cheque.

Não é difícil dar de modo sacrificial.

Não é difícil desafiar os outros a fazer o mesmo.

A única coisa que Deus me pede é para ser doador. Deus me pede para dar provisão, sem segundas intenções, sem implicar sobre o destino do dinheiro, mas contribuir fielmente e confiar n'Ele e na Sua palavra.

Deus me pede para ser um participante disposto. Eu

não tenho nada a dizer. Nem você.

Quando falo sobre o ministério de financiar o Reino, me refiro a participar ativamente e dar para o que fará a Igreja avançar.

Uma oferta acima e além do que é de costume.

Não apenas o dízimo e as ofertas normais, que mantêm as luzes acesas, que pagam o salário do pastor. Isso é fácil. É a doação que excede o normal que faz a maior diferença no Reino.

Fico surpreso com a quantidade de pessoas que não confiam em Deus em suas finanças.

A triste verdade é que as pessoas simplesmente não dão o dízimo. Vi isso mais de uma vez ao redor do mundo. Pessoas com muito medo de devolver 10% para Deus. Isso é o mínimo que Ele nos ordenou fazer.

Essa falta de fé impede que a Igreja dê saltos gigantes de fé, como abrir novas localidades pela cidade e pelo mundo todo.

Esse é o dinheiro "acima e além", a oferta sacrificial.

Como empresário, gosto de ver impacto. Eu não preciso olhar muito além dos meus próprios filhos para poder ver o impacto da minha doação. Tudo o que já demos à igreja, cada dólar, cada hora, cada sacrifício, tudo valeu a pena. Simplesmente pelo impacto que nossa doação teve em nossa família.

Vale muito a pena.

O NÚCLEO DO NÚCLEO

Temos a oferta Coração pela Casa (Heart for the House) na Igreja Hillsong. É o momento anual em que a doação dos Kingdom Builders culmina. Depois da nossa oferta de 2014, fui falar com o CFO da Igreja Hillsong na Austrália, porque eu queria saber qual era o impacto que os Kingdom Builders estavam tendo, percentualmente, na oferta Coração pela Casa.

Levou três semanas para calcular os números. Acho que foi porque ele teve que conferir, conferir e conferir de novo os números. Quando ele me chamou em seu escritório, estava acompanhado por dois contadores especializados para respaldá-lo.

O que ele descobriu me impactou.

O mais incrível, e a maior surpresa, foi que a maior porcentagem dessa oferta (70%) foi dada por um grupo pequeno de pessoas, mas fiel e generoso — os Kingdom Builders. Pessoas que tiveram uma revelação do que a generosidade pode fazer em suas vidas e na vida dos outros quando eles mesmos se tornam o canal para que essa bênção flua.

Você pode estar lendo isso e pensando consigo mesmo: "Eu não sou milionário."

Bem, eu também não era quando Susan e eu fizemos nosso primeiro cheque. É por isso que o compromisso mínimo de doação para ser um Kingdom Builder é de $5 mil.

Veja bem, ser um Kingdom Builder não se trata de quanto você dá. É sobre o seu coração. É dar de modo sacrifical acima e além do seu dízimo e das suas ofertas normais.

Sempre me perguntam o mesmo: "Ser um Kingdom Builder não é algo exclusivo?"

E eu digo: "Com certeza. Mas está aberto para todo mundo." É mais ou menos como perguntar quem pode segurar o microfone durante o louvor e a adoração no domingo. A equipe criativa está aberta para todos. Venha e sirva. Prove seu valor. E você nem precisa ser o melhor cantor para liderar o louvor. Você apenas precisa ter o melhor coração.

Ser Kingdom Builder é uma condição do coração.

É um grupo de pessoas comprometidas e que decidiram colocar Deus em primeiro lugar em cada área das suas vidas.

A PARÁBOLA DOS TALENTOS

Jesus conta uma história nos Evangelhos sobre o tipo de pessoa que Ele está buscando para construir Seu Reino. Falando do Reino de Deus, Jesus diz:

> "O Reino de Deus é também como um homem que saiu para uma longa viagem. Antes de partir, chamou seus empregados e lhes delegou responsabilidades. Ao primeiro deu cinco mil moedas, ao segundo duas mil e ao terceiro mil, conforme a capacidade deles. Feito isso, partiu. Imediatamente, o primeiro empregado começou a trabalhar e duplicou o investimento do patrão. O segundo fez

o mesmo. Mas o homem que recebera mil moedas preferiu guardá-las num cofre.

Depois de uma longa ausência, o patrão deles voltou e foi acertar as contas com os três empregados. O que havia recebido cinco mil moedas relatou que duplicara o investimento. O patrão elogiou-o: 'Bom trabalho! Você soube negociar! De hoje em diante, será meu sócio!'.

O empregado que recebera duas mil moedas também conseguiu duplicar o investimento do patrão, e este o elogiou: 'Bom trabalho! Você soube negociar! De hoje em diante, será meu sócio!'.

O empregado que recebera mil moedas declarou: 'Patrão, sei que o senhor tem padrões elevados e detesta as coisas malfeitas, que é exigente ao extremo e não admite erros. Fiquei com medo de desapontá-lo, por isso guardei seu dinheiro num cofre bem seguro. Aqui está seu dinheiro, são e salvo, até o último centavo'.

O patrão ficou furioso. 'Odeio essa filosofia de vida, que não aceita correr riscos. Se você sabe que sou exigente, por que não fez o mínimo que se podia esperar? O mínimo seria aplicar o dinheiro num banco. Haveria pelo menos um pequeno rendimento'.

Ele ordenou: 'Pegue as mil moedas e as entregue ao que arriscou mais. E tirem o sr. Garantia daqui. Lancem-no fora, nas trevas exteriores.'"

(Mateus 25:14-30)

Existem alguns princípios fundamentais que podemos extrair dessa passagem.

Para começar, Jesus está buscando pessoas que estejam dispostas a se "arriscar" financeiramente. Cristãos que não têm medo de confiar n'Ele e em Sua Palavra e assumir riscos saudáveis pela Causa de Cristo.

Também podemos ver nessa história que Deus está buscando parceiros, participantes dispostos, pessoas que procuram um propósito, assim como eu estava buscando em 1996.

Muitos cristãos são espectadores.

Deus está buscando participantes ativos, pessoas em quem Ele possa confiar, independentemente da habilidade e da renda.

Os primeiros dois servos investiram aquilo que lhes foi confiado, mas o terceiro não creu nas promessas de Deus.

Não menospreze esse princípio simples: quando você investe o que Deus lhe dá, isso irá crescer. Quando você age conforme os Seus mandamentos, Ele abençoa esse passo de fé.

Infelizmente, também vemos o que acontece com quem vive uma vida de medo, como o terceiro servo.

O que você tem é tirado de você. Pior ainda, a sua falta de fé vai afastá-lo de uma comunidade genuína.

Isso é o que é maravilhoso nos Kingdom Builders. Eles são o núcleo do núcleo na igreja. Existe um núcleo em qualquer igreja. Em geral, 25-30% serve ativamente e, talvez, também seja dizimista. Mas é esse 1% que faz a diferença.

Kingdom Builders que vão "com tudo".

Em Estocolmo, na Suécia, quando ajudei a lançar os Kingdom Builders há seis anos, eles estavam prestes a perder o prédio deles. Cinco anos depois, agora eles têm cinco localidades e dois imóveis.

Por quê?

O núcleo do núcleo, os Kingdom Builders, decidiu agir.

Hoje, os Kingdom Builders constituem quase 10% do total de pessoas nessa congregação. A igreja em Estocolmo se transformou no exemplo que mostra o impacto que os Kingdom Builders podem ter.

ENTÃO VOCÊ QUER SER UM KINGDOM BUILDER?

Eu falei bastante sobre finanças neste capítulo de abertura, mas deixe-me ser claro: ser um Kingdom Builder não se trata de dinheiro.

O primeiro requisito para ser um Kingdom Builder é a decisão de colocar Deus em primeiro lugar em todas as áreas da sua vida.

Sem a possibilidade de voltar atrás nisso. Abalar com o comodismo. Ultrapassar todos os limites. Ir "com tudo" com Deus. Um ato de fé que não olha para trás e não é para os fracos de coração.

Trata-se de confiar em todas as promessas de Deus. E, acredite, cada uma das promessas de Deus é para você.

É fácil?

Não.

Vale a pena?

Com certeza!

O segundo requisito para ser um Kingdom Builder é acreditar na visão da igreja. Independentemente da igreja que você seja membro, você deve apoiar plenamente o futuro da sua comunidade de fé.

O terceiro requisito para ser um Kingdom Builder é dizer em seu coração: "Pastor, estou com você". Você precisa apoiar o líder da sua comunidade de fé. Você precisar lutar com ele e por ele.

Nem sempre estou de acordo com meu pastor, mas sempre o apoio, e ele sabe que pode contar comigo.

Na minha experiência pessoal, o que vi na minha vida e na vida de outros Kingdom Builders é que o dinheiro flui como consequência dos três primeiros requisitos para ser um Kingdom Builder. Mas você precisa ajustar o seu coração em primeiro lugar.

Certa vez, eu estava falando em um evento de Kingdom Builders e um jovem se aproximou de mim no final da minha palestra. Olhei para esse jovem coberto de tatuagens da cabeça aos pés. Eu o reconheci do One8oTC, um serviço de reabilitação de drogas e álcool. Ele havia acabado de sair da cadeia e se matriculado na faculdade bíblica. Estava mudando de vida.

Ele veio até mim com um grande sorriso no rosto, e me lembro de pensar que ele diria: "É, obrigado, Andrew, mas eu não consigo fazer isso."

Em vez disso, ele me disse: "Andrew, estou dentro. Percebi que se eu cortar o café, já vou conseguir ter metade dos $5 mil."

Eu disse a ele: "Amigo, essa é a resposta certa. Essa é a atitude certa. Não se trata das razões pelas quais você não pode fazer, mas sim das razões pelas quais você pode."

Quando você pensa sobre isso, no fato de ele ser um ex-dependente químico, provavelmente a única coisa que esse rapaz ainda tinha era o café! E, na verdade, acho que a maioria das pessoas não está preparada para desistir do café. Mas ele estava completamente disposto a desistir desse último reduto, para dizer "sim" a algo maior do que ele mesmo.

Ali estava um homem que tinha sido salvo de muitas coisas. Ele estava destinado à prisão. Ninguém fica bem quando vai para a cadeia. Eles não saem de lá melhor, saem de lá pior. Mas ele teve a felicidade de o juiz sentenciá-lo a ir para a reabilitação. E, na reabilitação, ele encontrou Jesus.

Hoje, ele é um homem casado, sem dívidas, com uma casa recém-comprada, servindo ativamente e doando.

Esse é o tipo de coração que Deus está procurando. Esse é o coração de um verdadeiro Kingdom Builder.

TODAS AS COISAS

A principal passagem que Deus usou em toda essa jornada dos Kingdom Builders está no Evangelho de Mateus:

> "Portanto eu lhes digo: Não se preocupem com sua própria vida, quanto ao que comer ou beber; nem com seu próprio corpo, quanto ao que vestir. Não é a vida mais importante que a comida, e o corpo mais importante que a roupa? Observem as aves do céu: não semeiam nem colhem nem armazenam em celeiros; contudo, o Pai celestial as alimenta. Não têm vocês muito mais valor do que elas? Quem de vocês, por mais que se preocupe,

pode acrescentar uma hora que seja à sua vida?

Por que vocês se preocupam com roupas? Ve-jam como crescem os lírios do campo. Eles não tra-balham nem tecem. Contudo, eu lhes digo que nem Salomão, em todo o seu esplendor, vestiu-se como um deles. Se Deus veste assim a erva do campo, que hoje existe e amanhã é lançada ao fogo, não vestirá muito mais a vocês, homens de pequena fé? Portanto, não se preocupem, dizendo: 'Que vamos comer?' ou 'Que vamos beber?' ou 'Que vamos ves-tir?'

Pois os pagãos é que correm atrás dessas coisas; mas o Pai celestial sabe que vocês precisam de-las. Busquem, pois, em primeiro lugar o Reino de Deus e a sua justiça, e todas essas coisas lhes serão acrescentadas. Portanto, não se preocupem com o amanhã, pois o amanhã trará as suas próprias preocupações. Basta a cada dia o seu próprio mal."

(Mateus 6:25-34 NVI)

No versículo 33, Jesus basicamente está dizendo: "Confie em Deus — e todas as coisas serão dadas a você."

O que são "todas essas coisas" na minha vida?

Como Kingdom Builder, eu deveria ter o melhor casa-mento.

Como Kingdom Builder, eu deveria ter o melhor rela-cionamento com meus filhos

Como Kingdom Builder, eu deveria estar em forma e saudável.

Por que menciono essas três coisas? Porque elas fazem parte do meu "tudo".

Qual é o seu "tudo"?

Nos versos que antecedem o versículo 33, Jesus está

falando sobre as coisas que o mundo busca. O mundo está focado em conseguir as coisas.

Deus está buscando pessoas que saibam, em seu coração, que esta vida se trata de dar.

Há uma promessa escondida aqui: quando você coloca Deus em primeiro lugar, todas as coisas serão dadas a você. Mas você precisa buscá-Lo primeiro, não buscar coisas, nem posses materiais, nem riquezas.

Não há nada de errado com coisas legais. Eu gosto dessas coisas. Mas não é o que estou buscando.

Deus me ensinou que não existe problema em ter coisas legais, desde que essas coisas não me tenham.

E essa é a beleza dos Kingdom Builders.

Sabemos que Deus nos dá respaldo e que Ele é por nós. Podemos confiar que Ele é o nosso "Tudo".

VENDO A DEUS
COMO MEU TUDO

———

Nos primeiros dez anos da minha carreira, eu estava tentando conseguir aquela casa grande, os melhores carros, uma vida confortável.

E estava fazendo isso me colocando em primeiro lugar.

Eu provendo tudo...

Eu correndo atrás e dando duro...

Eu me esforçando...

Eu. Eu. Eu. Eu. Eu.

Não via Deus como minha Fonte.

A grande revelação para mim foi quando realmente coloquei Deus em primeiro lugar – e foi quando tudo aconteceu de verdade.

Com o passar dos anos, vi a obra de Deus indo muito além de qualquer coisa eu que pudesse pedir, pensar ou imaginar. Eu achava que Efésios 3:20 era o versículo mais ridículo da Bíblia:

> Vocês sabem muito bem que Deus pode fazer qualquer coisa, muito mais do que poderiam imaginar

———

33

———

ou pedir nos seus sonhos! Quando Deus age, ele nunca o faz de modo forçado, pois o seu agir em nós, por seu Espírito, acontece sempre de modo profundo e gentil dentro de nós.

Sério? Muito mais do que posso pedir, pensar ou imaginar? É sério, Deus?

Vinte e quatro anos atrás, eu ganhava $100 mil por ano, que era um ótimo salário naquela época. Eu era bem pago. Trabalhei para a maior empresa de encanamento da Austrália, administrando grandes projetos com 50 encanadores trabalhando sob minha liderança. Eu era um bom funcionário, mas pensar que poderia chegar a ganhar $1 milhão em um ano...

Bem, isso é ridículo.

Mas, doar $1 milhão?

Você tem que ganhar muito mais do que um milhão para poder dar um milhão.

Estou dizendo que, ao longo dos anos, eu vi Deus provendo, provendo e provendo. Susan e eu vimos Efésios 3:20 de modo contínuo nas nossas vidas.

Perceba que o mundo tem buscado saber o que pode ser feito para destravar bênçãos e fortunas nas nossas vidas. Bibliotecas e livrarias estão cheias desses livros.

E acredito que, como cristãos, nós temos isso.

Quando você coloca Deus em primeiro lugar, tudo flui como consequência. A oportunidade flui, os recursos fluem, os céus se derramam.

Malaquias 3:6-12 diz:

"Eu sou o Eterno, sim eu sou. Não mudei. E, por eu

não ter mudado, vocês, descendentes de Jacó, não foram destruídos. Vocês têm uma história longa de negligência aos meus mandamentos. Não fizeram nada do que eu mandei fazer. Voltem para mim, e voltarei para vocês", diz o Senhor dos Exércitos de Anjos.

Vocês perguntam: 'E como voltaremos?'.

Comecem pela honestidade. Pessoas honestas roubam a Deus? Mas vocês me roubam dia após dia.

Vocês perguntam: 'E como temos te roubado?'.

Nos dízimos e nas ofertas, é dessa forma. E vocês estão debaixo de maldição, todos vocês, porque estão me roubando. Tragam o dízimo completo para o tesouro do templo, para que haja ampla provisão na minha casa. Ponham-me à prova, e vejam se não vou abrir o próprio céu para vocês e derramar bênçãos além dos seus sonhos mais improváveis. No que depender de mim, vou defender vocês contra os saqueadores e proteger seus campos e hortas contra os ladrões.

É a Mensagem do Senhor dos Exércitos de Anjos.

Vocês serão aclamados como 'o povo mais feliz'. E vão experimentar o que é ser um país que sabe o que é graça.

O Senhor dos Exércitos de Anjos é que está dizendo isso."

Essa é a única passagem em toda a Bíblia em que Deus nos pede para testá-Lo, e Susan e eu temos feito isso. E quer saber mais?

Ele sempre nos deu tudo.

Constantemente, Deus tem derramado bênção sobre nós e sobre a nossa família.

REVELAÇÃO

Para mim, a fase seguinte da minha jornada de Kingdom Builder começou quando recebi o chamado para levantar outros a financiar o Reino. O pastor Brian me pediu para ser um dos Conselheiros da igreja. Isso realmente me assustou.

Eu pensei: "Meu Deus, o que ele quer que eu faça como Conselheiro?"

Então o convidei para tomar café da manhã, sentamos e lhe perguntei.

Eu lhe disse: "Por que você quer que eu seja um Conselheiro? O que você quer de mim?"

Ele me respondeu: "Nada. Não pedi para que você seja um Conselheiro por causa do que eu quero que você faça. Pedi que seja um Conselheiro por causa do que você já está fazendo e por quem você já é. Se você não sabe quem você é, então eu pedi à pessoa errada."

Ele foi bem direto.

Eu sabia quem eu era, sabia qual era o chamado na minha vida. Passei um tempo perguntando a Deus qual seria o meu próximo passo.

Se existe nas Escrituras alguma descrição sobre o que é ser um Conselheiro é essa: supervisão espiritual.

Vejo os Kingdom Builders como uma questão espiritual. Reunir esse grupo de pessoas, que são o núcleo do núcleo, para financiar e avançar com a Causa de Cristo.

Comecei a ver claramente meu papel como Conselheiro na Igreja Hillsong. Comecei olhando para todos as nossas localidades ao redor do mundo e percebi que tínhamos grandes igrejas fazendo coisas incríveis, mas nenhuma delas tinha Kingdom Builders.

E eu pensei alto: "O que está errado com esses pastores? Por que eles não têm Kingdom Builders?"

Uma luz se acendeu naquele momento.

Deus me revelou que a razão pela qual aquelas igrejas não tinham Kingdom Builders era porque eu ainda não tinha levado a mensagem para eles. Eu ainda não tinha lançado esse projeto. Foi quando eu soube qual era o meu chamado e a minha missão como Conselheiro.

Avancemos alguns meses: estou na Conferência da Hillsong. É a semana mais corrida do ano para o pastor Brian. Trinta mil pessoas querendo um pouco do seu tempo. Acabei conseguindo uns 30 minutos com ele para um outro café cara a cara.

E eu disse a ele: "Acho que sei por que nossas igrejas ainda não têm Kingdom Builders."

Ele respondeu: "Por que ainda não, Andrew?"

Eu disse: "Porque eu ainda não fui lançá-lo. Acho que esse é meu papel."

E sabe o que ele disse?

"Acho que você está certo. Vá em frente."

O engraçado é que o pastor Brian me disse, alguns anos depois, que ele não achava que eu conseguiria. Ele não sabia como eu ia fazer isso. Eu também não. Mas eu certamente sabia que podia contar a minha história.

E esse tem sido o catalisador.

ESTOCOLMO INESPERADA

Estou falando no lançamento dos Kingdom Builders no nosso campus em Estocolmo. Tem uma mulher sentada na primeira fileira que começa a chorar alto quando começo a falar sobre Mateus 6:33. Ela se levanta e sai do local.

Depois da reunião, o pastor me diz: "Tenho uma pessoa chave que eu gostaria que você levasse para jantar hoje à noite. Seu nome é Henry."

Então ele me apresenta a esse rapaz que estava sentado junto à mulher que tinha os olhos inchados de tanto chorar.

Apenas pensei: "Deus, você está brincando comigo?"

Eu lhe disse: "Oi, Henry, que bom conhecê-lo! Quem é aquela mulher de cabelos loiros que estava sentada ao seu lado na reunião?"

Ele me respondeu: "É a minha esposa."

E eu lhe disse: "Só vou jantar com você se ela for também." Acredito que é sempre fundamental conversar com o marido e a mulher juntos nessas situações.

Ele me respondeu: "Tudo bem."

No jantar, Henry disse: "Durante o mês que antecedeu o lançamento dos Kingdom Builders, Deus nos disse para jejuar. E, todos os dias, nos últimos 30 dias, lemos Mateus 6:33. Então, quando você soltou esse versículo, ele nos acertou em cheio."

Ele me olhou fundo nos olhos: "Estamos dentro."

Ao longo dos anos, ele tem sido meu pupilo no Kingdom Builders. Ele já viajou por todo o mundo, pagando do seu próprio bolso. Ele carregou minhas malas, ele já participou de centenas de encontros individuais com casais. Ele tem sido como uma esponja.

Apenas neste ano, ele viajou comigo para Amsterdã, e eu lhe disse: "Tudo bem, meu amigo. Hoje à noite é você quem vai falar. Os primeiros 10 minutos são seus."

Ele e sua esposa foram o primeiro casal fora de Austrália a "conseguir".

VENDO A DEUS COMO MEU TUDO

Alguns de vocês estão lendo isso e, provavelmente, pensando: "Isso é ótimo, Andrew. Que história linda! Mas Deus não está trabalhando assim na minha vida."

Ele não está? Tem certeza? Quero desafiá-lo, pois você talvez ainda não tenha cruzado a linha da confiança em Deus como seu tudo. Talvez Ele seja o seu "tudo", exceto por uma coisa, ou duas...

Decida que Ele será:

Sua Fonte.

Seu Tudo.

E você sabe por que Deus não está se movendo nem trabalhando assim na sua vida?

Você ainda está tentando fazer tudo por conta própria. Você ainda está tentando trazer soluções. Você continua lutando e fazendo tudo com as suas próprias forças.

Nunca vai funcionar se você tentar sozinho.

É necessário render-se. E isso é engraçado, pois, quando alguém se rende, essa pessoa geralmente levanta os dois braços, do mesmo modo que você faz quando está em adoração com as duas mãos erguidas.

E quando você está com as mãos erguidas, você não consegue segurar nada, não consegue fazer nenhum esforço ou lutar, não consegue agarrar as coisas deste mundo.

Você simplesmente tem que confiar em Deus.

Permitir que Ele seja seu tudo.

É disso que se trata os Kingdom Builders. Lembre-se de que essa é uma decisão do coração.

Adoração, por definição, significa literalmente "de maior valor". Então você precisa se perguntar: "Deus é o primeiro na minha vida? Ele é o mais valioso?"

O modo como você responde a essa pergunta determina tudo na sua vida. Adoração não é apenas cantar músicas e servir na igreja aos domingos.

Não.

É uma rendição total de tudo para Tudo.

Quando Susan e eu cruzamos a linha e, finalmente, parei de obstruir o caminho de Deus, tudo mudou. Se nós conseguimos, você também consegue.

SERVINDO E FALANDO

Continuei servindo na igreja. Na Conferência da Hillsong, minha função era dirigir para os palestrantes convidados por toda a cidade e para os seus hotéis. Fui escalado para dirigir para esse casal da África do Sul, os pastores André e Wilma Olivier.

Por acaso, eles têm uma grande igreja espalhada pela África do Sul.

A maioria das pessoas que se voluntaria para dirigir na Conferência são estudantes universitários. Eu era muito mais velho, é claro, e quando André e Wilma entraram no meu carro, nós nos demos bem de imediato. Dirigi para eles por sete ou oito anos sempre que vinham a Sydney para a Conferência. E, ao longo dos anos, nos tornamos amigos.

Um dia, recebi um e-mail do assistente executivo do André me convidando para ir à igreja deles e falar no fim de semana de Gifted Givers (Doadores com Dons). Eles prometeram cobrir minhas despesas de viagem e hospedagem.

Fiquei impressionado. Então liguei para o André e perguntei: "Você está falando sério?"

Ele disse: "Andrew, conheço sua história. Você tem algo para compartilhar e eu quero que meu povo ouça."

Respondi: "Tudo bem. Eu vou."

Contei à Susan e ela disse: "Eu vou também." Então reservei uma passagem para ela e fomos.

Aquela foi a primeira vez que compartilhei a minha história como um palestrante convidado. Eu estava fisicamente mal antes da conversa porque estava nervoso. Minha boca estava muito seca. Devo ter bebido dois litros de água enquanto falava naqueles 40 minutos. Mas isso realmente impactou aquelas pessoas. Tanto que o André me entrevistou no domingo durante as cinco reuniões. Não só isso, ele levou Susan e eu para um safári de três dias para nos agradecer pela viagem e por ter compartilhado nossa história. Deus, então, fez algo que eu simplesmente não podia acreditar. Eles me deram uma contribuição por compartilhar minha história com a sua congregação.

Fiquei desconcertado.

Você está brincando comigo, Deus?

Eu teria ido por nada. Mas acho que Deus queria afirmar que eu estava no caminho certo. Quando me entregaram o envelope, eu perguntei: "O que é isso?"

Eles disseram: "É uma contribuição."

Não estava esperando por aquilo e pensei: "Isso é ridículo!"

Quando vi como as pessoas ficaram impactadas quando compartilhei minha história, percebi: "Andrew, é isso que você foi chamado para fazer. É isso."

E as pessoas não estavam apenas disfarçando. Deus estava se movendo em suas vidas. Pessoas que, assim como Susan e eu, estavam ouvindo o chamado para financiar o Reino.

Foi quando eu soube que aquele era o meu próximo passo. Deus estava me dizendo para continuar a dar e doar, mas para dedicar a próxima estação da minha vida para levantar outros doadores em todo o planeta.

E VOCÊ?

Ao que você ainda está preso?

O que você está colocando antes de Deus?

O que está impedindo que você vá "com tudo" com Ele?

Seja lá o que for...

Ego.

Sua carreira.

Posses.

O que for.

Isso nunca irá satisfazê-lo.

Nunca.

Porque só pode haver um Deus verdadeiro na sua vida.

NÃO SE TRATA DE DINHEIRO

A principal questão hoje na igreja são as finanças.

No cristianismo, o diabo fez um grande trabalho criando confusão sobre a área financeira.

Por quê?

Porque ele sabe a verdade.

Ele sabe que se a Igreja realmente entender o que ela tem, o trabalho dele terá acabado.

Você só precisa olhar para o que a Igreja Hillsong conseguiu fazer com 1% da congregação.

E se os Kingdom Builders crescessem e fossem 10% dos doadores na Hillsong? E se eles fossem 20%? Consegue imaginar quantas vidas mudariam, quantas igrejas seriam plantadas, quantas comunidades seriam transformadas?

Consegue imaginar?

O dinheiro é o eixo.

Recentemente, eu estava falando sobre os Kingdom Builders em uma igreja em Perth. Estava na minha última reunião individual com um casal que tinha vindo me ouvir falar.

Naquela manhã, a esposa do casal com quem me reuni precisou arrastar o marido para me ouvir falar. Ele tinha ficado tão perplexo que foi ele mesmo quem disse depois: "Temos que nos encontrar com esse cara!"

Sentamos e tudo fez sentido. Até que me ouvisse falar, ele tinha acreditado na mentira que diz que a igreja só quer o seu dinheiro. A igreja não quer seu dinheiro.

Não.

A igreja quer que o seu coração esteja bem com Deus. Como consequência de um coração no lugar certo, você vai contribuir. Mas isso é o resultado de ter um coração transformado.

Lembre-se: ser um Kingdom Builder é uma condição do coração!

Eu sei que em cada lugar onde eu for falar, vou encontrar alguém como esse homem em Perth, que tem uma mentalidade incorreta sobre dinheiro. E sei que Deus quer que eu elimine a mentira que o diabo está espalhando. Quero que o Espírito Santo os atinja entre os olhos com a verdade.

E a verdade é que, quando você percebe o quão abençoado você é, você não consegue deixar de abençoar os outros. Você não consegue deixar de dar e doar.

DE ESTAR APENAS "DENTRO" PARA IR "COM TUDO"

Eu diria que 99% dos Kingdom Builders já servem em alguma área da igreja. Eles já estão dentro.

Quando compartilho minha história, estou apenas ajudando a levá-los de estarem "dentro" para irem "com tudo".

Eu costumava ser um desses confusos. Claro, eu servia. Claro, eu dava o dízimo. Mas nunca vi a Deus como minha única Fonte.

Deus disse: "Você quer erguer a mão?"

Ele nos pergunta: "Você quer ser um canal de qual proporção?" Você precisa perceber que a torneira da bênção está em ação. Somos nós que determinamos o quanto da bênção de Deus é derramado em nossas vidas, e esse é o tipo de fé que vai "com tudo".

O Evangelho de Marcos conta a história de um encontro que Jesus teve com um jovem rico que vem até Ele querendo saber o segredo da vida eterna:

Jesus caminhava pela rua, e um homem veio correndo, ajoelhou-se e perguntou: "Bom Mestre, que devo fazer para alcançar a vida eterna?"

Jesus perguntou: "Por que você me chama 'bom'? Ninguém é bom, a não ser Deus. Você conhece os mandamentos: não mate, não cometa adultério, não roube, não minta, não engane, honre seu pai e sua mãe".

Ele disse: "Mestre, faço tudo isso desde muito novo".

Jesus olhou-o nos olhos e, cheio de amor por ele, disse: "Falta algo: venda tudo que você tem e dê aos pobres. Toda a sua riqueza, então, estará no céu. Depois venha me seguir".

Foi um choque! Aquela era a última coisa que ele esperava ouvir. Assim, abatido, ele se foi. Sendo muito apegado aos seus bens, não queria abrir mão de tudo.

Enquanto observava, Jesus disse aos seus discípulos: "Vocês fazem ideia de como é difícil para os ricos entrar no Reino de Deus?". Os discípulos foram pegos de surpresa, mas Jesus continuou: "Vocês não imaginam como é difícil. É mais fácil um camelo passar pelo fundo de uma agulha".

Os discípulos ficaram chocados. "Se é assim, quem tem chance?", perguntaram.

Jesus olhou bem firme para eles e disse: "Ninguém tem chance, se pensam que conseguirão pelo esforço próprio. A única maneira é deixar Deus agir. Só ele tem o poder de fazer".

Pedro, então, lhe disse: "Nós deixamos tudo para te seguir".

Jesus disse: "Guardem isto: ninguém que sacrifique casa, irmãos, irmãs, mãe, pai, filhos, propriedades — seja o que for — por minha causa e por causa da Mensagem sairá perdendo. Eles terão tudo de volta multiplicado muitas vezes em casas, irmãos, irmãs, mães, filhos e propriedades — mas também em problemas. Terão ainda o prêmio da vida eterna. Aí está de novo a Grande Inversão: muitos primeiros serão últimos; e muitos últimos, primeiros".

(Marcos 10:17-31)

Essa é a dura verdade: ir "com tudo" tem um preço.

No entanto, a promessa de Deus é que tudo o que você renunciar será multiplicado muitas vezes.

Susan e eu vimos isso em nossa própria vida.

E vi Deus fazer isso inúmeras vezes na vida de outros

Kingdom Builders em todo o planeta.

Então não seja como o jovem rico que não pôde fazer renúncias para ir "com tudo". Em vez disso, confie em Deus para que Ele seja o seu tudo e veja o que acontece.

A VERDADE SOBRE AS FINANÇAS

Foi em 1996 que começamos com os Kingdom Builders. A Igreja Hillsong tinha 14 anos e apenas uma localidade na Austrália. Apesar disso, a Hillsong era conhecida globalmente pelas nossas músicas já naquela época. Hoje, somos uma igreja global que tem um impacto local em Nova Iorque, Los Angeles, Londres, Estocolmo, Moscou, Barcelona, Buenos Aires e muitas outras cidades ao redor do mundo.

Pessoalmente, acredito que uma das principais razões para isso são os Kingdom Builders.

Kingdom Builders se trata de ofertas acima e além. Literalmente, é isso que tem feito a diferença para que a Igreja Hillsong atinja um nível global.

Aprendi que se você não pode ser generoso quando tem um pouco, você nunca será generoso quando você tiver muito.

Conheci pessoas em todo o mundo que dizem: "Quando eu chegar a este nível financeiramente, vou ser um Kingdom Builder."

Posso dizer que quando eles chegam naquele ponto, eles não doam.

Por quê?

Porque é uma quantia muito maior para doar.

A verdade sobre as finanças é que não existe limite, mas muitas pessoas acreditam que existe e, por isso, elas não vivem uma vida generosa.

Talvez esse seja você.

Talvez você não conheça a verdade sobre as finanças.

Talvez você não perceba que Deus tem uma torneira que está totalmente aberta. E Ele está buscando pessoas que já vivam uma vida generosa, pois Ele pode confiar que essas pessoas continuarão a dar de modo proporcional.

Você provavelmente não tem muito porque não é alguém confiável para ter mais.

Outra mentira que o diabo quer que você acredite é que você precisa ser rico para contribuir.

Kingdom Builders não se trata de doações iguais; trata-se de sacrifício igual. Não importa o valor do cheque que você assina; o que importa é o tamanho do sacrifício que você está fazendo. Uma pessoa que trabalha duro para sustentar sua família é tão capaz de assinar um cheque de modo sacrificial quanto aquele indivíduo que possui um grande negócio. É um equívoco olhar para o valor monetário.

Esse é o tipo de confusão que o diabo quer fazer na sua mente.

Um sacrifício igual significa uma partida justa e equilibrada. O número é irrelevante.

Deus vai testá-lo no pouco e permitir que você seja fiel no pouco. Ele vai testá-lo com um pouco mais e permitir que você seja fiel com mais. Então Ele vai testá-lo no muito e permitir que você seja fiel.

O PLANO DO DIABO

O diabo odeia vê-lo ter sucesso. Ele fará tudo o que puder para distrair, desapontar e conter você.

O objetivo final dele é matar você.

Com os cristãos, o diabo descobriu que é muito mais fácil apenas conter você, e a maneira mais fácil de fazer isso é com as suas finanças.

Se você não está se esforçando...

Se você não está fazendo a diferença...

Se você não está ocupando seu espaço...

Se você não está dando passos de fé...

Então o diabo não precisa perturbá-lo no seu mundinho seguro, na sua vidinha confortável.

Posso contar qual é o lugar mais assustador para um cristão estar?

O lugar mais assustador para um cristão é sentir-se confortável.

Acredite em mim, eu sei. Posso dizer isso com confiança, pois me senti assim por 31 anos, até que decidi tirar a venda dos meus olhos.

Não sei quanto a você, mas não quero deixar que o diabo me contenha. Não quero viver uma vidinha segura, não quero ficar confortável.

Não.

Quero viver uma vida em que Deus aparece, quero receber o que Ele me prometeu, quero viver uma vida "com tudo" e cheia de expectativa.

As Escrituras dizem que o diabo tem um plano para nos matar, roubar e destruir.

Mas a boa notícia é que é o plano de Deus é nos dar uma vida abundante – uma vida que transborda graça e provisão (veja João 10:10). É por isso que você precisa refletir sobre qual desses planos você está vivendo hoje.

AVIVAMENTO

A Igreja ao redor do mundo está vendo um avivamento nesse momento.

Vi com meus próprios olhos.

As pessoas estão despertando para os planos de Deus em suas vidas. Elas servem, doam e se sacrificam para que o Reino avance.

E você tem uma oportunidade de ser parte do plano de Deus, de ser um Kingdom Builder.

Deus me ensinou que avivamento não é sobre reuniões. Não se trata de atividade. Não se trata de deixar as pessoas empolgadas.

Deus me mostrou que avivamento se trata do coração de um indivíduo. E a maneira mais fácil de saber o que está no coração de um homem é olhar para o fruto da sua vida.

Jesus diz três coisas sobre aqueles que confiam n'Ele, os Seus verdadeiros discípulos:

Você vai reconhecê-los porque eles obedecem ao Seu ensino.

Você vai reconhecê-los porque eles amam uns aos outros.

E você vai reconhecê-los por causa do fruto nas suas vidas.

O avivamento se trata do seu coração estar rendido, totalmente comprometido, totalmente transformado pela Fonte Verdadeira.

O que o fruto da sua vida diz sobre sua fé?

Lembre-se: Kingdom Builders é uma condição do coração. É sobre viver uma vida generosa, abençoar porque você foi abençoado. Não se trata de finanças.

Trata-se de dar o que está transbordando.

Dar de modo sacrificial.

Dar sem segundas intenções.

Quando você se apegar a esse conceito e a essa verdade, você vai erguer as mãos. Você se tornará um canal maior para a bênção de Deus e a sua vida será transformada de uma maneira radical.

As pessoas vão reconhecer claramente que algo mudou em você.

A palavra avivamento significa, literalmente, "viver de novo".

As pessoas verão a obediência, o amor e o fruto na sua vida. Você estará completamente vivo mais uma vez. Será totalmente de Deus. E sua vida será marcada pela generosidade.

PRIORIDADES
E PLANEJAMENTO

———

Minhas prioridades mudaram quando Deus tomou conta do meu coração.

O maior arrependimento da minha vida é que eu perdi os primeiros anos dos meus filhos. Estava trabalhando tanto com as minhas próprias forças, ignorando o fato de que eu era um marido e um pai em primeiro lugar.

Hoje, ao seguir a Deus e por meio da oração e da disciplina, eu não trabalho às segundas nem às quartas-feiras. Passo as segundas-feiras com Susan. E as quartas-feiras passamos com nosso neto, Dallas. Não trabalho nesses dois dias. Eu escolhi dedicá-los à família.

Não vou cometer o mesmo erro de novo.

Por quê?

Porque minhas prioridades mudaram.

Tudo o que faço agora é com um propósito.

E o meu propósito é financiar o Reino.

Para fazer isso, e fazer bem, tenho que manter minha vida em ordem. Tenho que manter Deus em primeiro lugar. Tenho que cuidar da minha família. Tenho que fazer escolhas de acordo com quem digo que sou e com aquilo que digo acreditar.

Isso será diferente para cada pessoa e cada família, e estamos todos em diferentes estações da vida e diferentes circunstâncias. Mas todos nós precisamos estabelecer prioridades e planejar de acordo com elas.

OS "QUATRO D's" DOS DENTON

Diário. Deliberado. Disciplinado. Decisões.

Diário é quando você conhece o seu propósito e está em missão 24 horas por dia, 7 dias por semana, 365 dias por ano.

Não existe dia de folga.

Essa é sua única vida. Agora tudo o que você faz é quem você é.

Não vai existir um equilíbrio entre trabalho e vida pessoal. Quando você vive com um propósito, você é quem você é. Não importa onde você se encontra, você está vivendo cada dia completamente vivo e com um propósito.

O que significa deliberado para mim?

Deliberado significa intencional. Deliberado significa que vou ser proativo, não reativo. Deliberado significa que tenho o controle da minha agenda e não vou deixar que outra pessoa o tenha. Deliberado significa que vou planejar meu dia, minha semana, meu mês, meu ano e os próximos cinco anos da minha vida.

Significa não deixar que as coisas simplesmente aconteçam para mim. Mas eu me esforço de modo proposital junto a Deus para criar uma vida que O agrade e honre.

Estou falando sobre todas as áreas da minha vida, não apenas do meu negócio, mas também da minha família e das minhas amizades. Estou estruturando tudo ao redor do meu propósito.

Se eu não tenho um plano, a vida vai continuar simplesmente acontecendo e indo de desastre em desastre.

Descobri, ao longo dos anos, que existem muitas pessoas que são muito boas para mapear as coisas, mas ficam travadas na análise, ficam presas às coisas incorretas.

Não se trata do plano. É a intenção do plano que mais importa.

Olhe para minha saúde, por exemplo. Odeio fazer exercícios, mas eu faço. Escolhi fazer ciclismo porque é bom para mim em vários sentidos. Tem companheirismo e responsabilidade. Ajo de modo deliberado quando treino com meus amigos.

Se você entende de ciclismo, você sabe que é preciso traçar o seu percurso, conhecer a sua frequência cardíaca e saber o que comer para que você tenha calorias suficientes para queimar. Uma vez que você sabe essas coisas, a disciplina começa na noite anterior.

Na noite anterior, você precisa revisar sua bicicleta para ter certeza de que ela está em ordem, que as baterias das luzes estão carregadas, que os pneus estão calibrados. Separo todos os meus acessórios da bicicleta e garanto que o meu despertador está programado para às cinco horas da manhã.

Mas a verdadeira disciplina é ir para cama cedo.

O foco diário, deliberado e disciplinado funciona em

conjunto para que, quando o despertador toque, eu possa tomar uma decisão. Uma decisão sábia: levantar-me da cama, subir na bicicleta e pedalar.

Se eu não tivesse me preparado na noite anterior, não alcançaria meu objetivo de saúde pessoal. Se eu acordo de manhã e não me preparei na noite anterior, e o meu pneu está murcho, o que vai acontecer?

Volto para cama. Por quê? Porque é muito difícil.

Mas quando eu me levanto e tudo está em ordem, eu consigo trocar de roupa rápido e sair pela porta – é fácil.

A lição para você é esta: faça o trabalho necessário com antecedência para viver uma vida com propósito, sem desculpas ou alternativas para voltar atrás.

Os "Quatro D's" são sobre tomar uma decisão sábia, e não uma decisão tola.

A Bíblia diz claramente que a sabedoria é a coisa principal e maior do que riquezas. Entre todas as coisas que você buscar, busque obter sabedoria.

Até agora, nesse livro, eu compartilhei um pouco da minha sabedoria. Essa é a minha sabedoria porque eu a pratiquei. Mas para você, que está lendo, será apenas conhecimento até que você a aplique! É aí que a disciplina entra em ação. A disciplina é a chave que converte o conhecimento em sabedoria!

FÉRIAS EM FAMÍLIA

Aplico o mesmo foco quando se trata de planejar as férias em família. Fiz uma escolha há 24 anos, depois que trabalhei incansavelmente, sem tirar férias por oito anos: nunca voltar de férias sem reservar as próximas férias.

Foi então que percebi que as únicas memórias que eu realmente tive com a minha família eram as férias. De segunda a sexta-feira, tinha minha rotina diária. Algumas lembranças podiam surgir, como um aniversário ou outro, ou uma festa de casamento, mas as férias com a minha família são o mais importante para nós.

Ainda hoje, Susan e eu tentamos tirar férias em família juntos quando conseguimos. Planejamos juntos e reservamos juntos.

Por quê?

Porque queremos viver uma vida deliberada.

A conclusão disso é que, quando se trata dos "Quatro D's", você tem apenas uma chance na vida. Não desperdice.

Eu costumava desperdiçar, mas agora vivo com propósito.

DEVIDA DILIGÊNCIA

Jesus nos conta uma história no Evangelho de Lucas sobre calcular o custo de seguir a Jesus:

> Certo dia, reunido com um grande número de pessoas, Jesus declarou: "Quem quiser me seguir, mas se recusar a deixar pai, mãe, marido, mulher, filhos, irmãos, irmãs — sim, até a si mesmo! — não pode ser meu discípulo.
>
> Será que alguém começa a construção de uma

casa sem primeiro fazer um orçamento para calcular o custo? Se você construir apenas os alicerces e ficar sem dinheiro, vai passar por tolo.

Quem passar por ali vai até caçoar de você: 'Olhem, ele começou a casa e não pôde terminar!'.

Vocês conseguem imaginar um rei indo para a guerra contra outro rei sem primeiro decidir se é possível, com seus dez mil soldados, encarar os vinte mil do outro? Se ele concluir que não pode, não vai preferir enviar um emissário para propor uma trégua?

Simplificando: se não estiverem dispostos a renunciar até o que há de mais importante na vida de vocês — sejam planos, sejam pessoas —, não estão preparados para ser meus discípulos."

(Lucas 14:25-33)

Muitos cristãos pensam que são doadores. Não são. Talvez você seja um deles.

Dizimar não faz de você um doador.

Dizimar é simplesmente devolver a Deus o que é de Deus.

Vou dizer de novo: é o dom do sacrifício "acima e além" que faz de você um doador.

O coração daquilo que Jesus está falando é calcular o custo, viver com disciplina, viver com intenção e tomar decisões sábias. Especialmente na área financeira.

Isso é primordial se você quiser ser um Kingdom Builder.

Meu pastor, Brian, fala sobre dar e doar de modo perigoso, e não de modo estúpido. Nos negócios, falamos sobre devida diligência, pela qual seremos medidos pelas decisões que tomados.

Para tomar uma decisão empresarial, eu investigo, faço minha lição de casa e tento tomar uma decisão baseada em informações. Quando eu tenho ao menos 75% da informação, eu me sinto confiante para avançar, pois, se você esperar até ter 100%, vai ser muito tarde. Você vai perder a oportunidade. Por outro lado, você também não pode tomar uma decisão somente com 7,5% da informação. Isso seria estúpido.

A maioria dos cristãos quer esperar até ter 100% da informação para tomar uma decisão informada.

Já vi tantos cristãos bem-intencionados ao longo dos anos e que fizeram decisões ruins. São pessoas que dizem: "Vou dar $1 milhão para a igreja". Mas elas ganham $100 mil por ano. E isso é simplesmente estúpido. Deus não honra a estupidez.

Deus honra a fidelidade.

É por isso que eu digo às pessoas que se comprometam com 75% e confiem em Deus, pois Ele se encarregará dos 25% finais. Não tome uma decisão crendo que você pode cobrir 7,5% e esperando que Deus cubra os 92,5% restantes.

Isso não é fé. É ignorância.

SERVIMOS A UM DEUS DIGNO DE CONFIANÇA

Durante esse intervalo de oito anos entre o momento em que fizemos o primeiro cheque de $5 mil e o cheque de $1 milhão, Deus se apresentou em várias ocasiões.

Por isso que você não pode me dizer que não servimos

a um Deus digno de confiança.

Quando Susan e eu decidimos confiar plenamente em Deus e ir "com tudo", nós tivemos que tomar algumas decisões cheias de fé.

Deus demonstrou para mim, durante 24 anos, que Ele é digno de confiança. Acredito que vemos apenas uma pequena parte do todo. Em mais de uma ocasião, Deus se revelou. Nem sempre sei como Ele vai resolver as coisas.

Eu costumava me preocupar, costumava ficar ansioso. Mas agora, anos depois, sei que Deus tem uma solução. Vivi tantas circunstâncias em que as coisas pareciam desastrosas, e então Deus se revelava. E de novo, e de novo.

Se Deus se revela assim na minha vida e na vida de Susan, eu realmente acredito que Ele vai se revelar na sua.

Mas você precisa dar passos de fé.

Você precisa ir "com tudo" com Ele.

Você não pode tentar fazer as coisas por suas próprias forças.

Com seu próprio poder.

Existe uma ótima passagem no Antigo Testamento, que resume tudo o que estou tentando dizer:

> "Não deixem que os sábios se orgulhem da sua sabedoria.
> Não deixem que os heróis se orgulhem das suas proezas.
> Não deixem que os ricos se orgulhem das suas riquezas. Se é para se orgulhar, orgulhem-se disto: que vocês me conhecem e me compreendem. Eu sou o Eterno e ajo com amor leal.
> Faço o que é certo, corrijo as coisas e as torno justas e tenho prazer naqueles que fazem o mesmo. É

assim que eu sou". É o decreto do Eterno.

(Jeremias 9:23-24)

Este é o tipo de vida para a qual Deus o chama se você deseja ser um Kingdom Builder. Uma vida em que o seu testemunho, sua única história, é sobre o fato de que você entende e conhece a Deus.

Não é que você seja mais esperto que os demais.

Não é que você seja mais forte que todo o resto.

Não.

A única coisa que conta é construir a sua vida em torno da sua relação com Deus e das Suas promessas para você.

Essa é a mentalidade de um Kingdom Builder.

Deus é confiável?

Pode apostar que sim! Mas cabe a você dar os passos diários de fé para caminhar nisso.

Todas os relacionamentos saudáveis se baseiam na confiança. Sem confiança, nada funciona. Isso é especialmente verdadeiro para a sua relação com Deus. Se confiar n'Ele, você aceitará a palavra d'Ele.

Jesus disse assim:

> "Vocês estão cansados, enfastiados de religião? Venham a mim! Andem comigo e irão recuperar a vida. Vou ensiná-los a ter descanso verdadeiro. Caminhem e trabalhem comigo! Observem como eu faço! Aprendam os ritmos livres da graça! Não vou impor a vocês nada que seja muito pesado ou complicado demais. Sejam meus companheiros e aprenderão a viver com liberdade e leveza."
>
> **(Mateus 11:28-30)**

Que podemos confiar em Deus.

Que Ele está com você.

Que tudo pelo qual você tem trabalhado duro, Ele toma conta.

Que Ele sabe o que você realmente precisa, o que você realmente busca. E a vida abundante que Ele promete é possível somente ao caminhar com Ele.

Não sei quanto a você, mas essa é a vida que quero. É a vida que descobri indo "com tudo" como Kingdom Builder.

AVANÇANDO PARA TRÁS

———

Um dos fundamentos da Igreja Hillsong é empoderar a Igreja local. É uma coisa do Reino, não uma coisa da Hillsong. E me refiro à Igreja com "I" maiúsculo. É por isso que não pertenço a nenhuma outra igreja.

Uma coisa que Deus me mostrou desde o começo foi que eu não fiz com que tudo isso acontecesse.

Nunca pedi para viajar para nenhuma igreja e, mesmo assim, Deus me levou, literalmente, ao redor do mundo para compartilhar nossa história.

Fico impressionado que minha agenda sempre esteja cheia.

Meu acordo com Deus é esse: vou aonde qualquer pastor me pedir para ir. A qualquer lugar no mundo. Só peço às igrejas que visito que cubram meus gastos. De vez em quando, recebo uma contribuição, mas essa não é a razão de ir.

Não sou pago para levar a mensagem dos Kingdom Builders pelo mundo.

Faço isso porque posso, porque a minha empresa está

estruturada de uma maneira flexível que permite que os meus horários sejam maleáveis. Estou dando passos de fé pelo que eu sei.

Eu poderia ir surfar e passar os dias brincando com meu neto. Algumas pessoas me dizem que eu mereço isso. Mas sei, no fundo do meu coração, que eu sei muito.

Já vi muito.

Acredito que, para quem muito é dado, muito é exigido (veja Lucas 12:48). E muito foi dado para esse que abandonou a escola, para esse encanador australiano. Então eu tenho muito para contribuir.

Pelo fato de o meu propósito ser o Reino, eu tenho que fazer isso.

Não parei de assinar cheques.

Não parei de servir.

Não parei de trabalhar na minha empresa.

Simplesmente decidi ir "com tudo" com Deus para fazer Seu Reino avançar.

A IGREJA QUE EU VEJO

Em 1993, meu pastor, Brian Houston, escreveu essas palavras:

> A Igreja que eu vejo é uma Igreja de influência. Uma Igreja tão grande que não pode ser ignorada pelas cidades e nações. Uma Igreja de crescimento tão rápido que prédios dificilmente acompanham seu avanço.
>
> Eu vejo uma Igreja cujo louvor e adoração sin-

ceros alcançam os céus e provocam mudanças na terra; adoração que influencia o modo de louvar das pessoas em toda a terra, exaltando a Cristo com canções de esperança e fé.

Eu vejo uma Igreja em que é constante a presença de pecadores arrependidos e dispostos a ouvir o chamado de Cristo para salvação.

Sim, a Igreja que eu vejo é tão dependente do Espírito Santo que nada a detém ou se opõe a ela; uma Igreja em que as pessoas estão unidas em oração e estão cheias do Espírito de Deus.

A Igreja que eu vejo tem uma mensagem clara de que vidas são transformadas para sempre e capacitadas pelo poder da Palavra de Deus; tem uma mensagem que ilumina as pessoas através da tela da televisão.

Eu vejo uma Igreja tão cheia de compaixão que as pessoas são atraídas a partir de situações difíceis para uma esfera de amor e amizade, cheia de esperança, onde elas encontram respostas e são aceitas.

Eu vejo um povo preocupado com as questões do Reino, que arca com qualquer custo e paga o preço que for para ver o avivamento tomar conta desta terra.

A Igreja que eu vejo é uma Igreja tão comprometida em levantar, treinar e empoderar uma geração de líderes para a colheita do final dos tempos, que todos os seus ministérios são consumidos por esse objetivo.

Eu vejo uma Igreja cuja cabeça é Jesus, cujo socorro é o Espírito Santo e cujo foco é a Grande Comissão.

SIM, A IGREJA QUE EU VEJO BEM PODERIA SER A NOSSA IGREJA – A IGREJA HILLSONG.

É disso que se trata a missão dos Kingdom Builders.

Defender a igreja local, liderada por pastores locais, transformando vidas em comunidades locais.

Veja, o Deus a quem servimos é um fã dos "menores de todos" e dos "sem nada". Ele tem sido um Deus para os desamparados ao longo da História.

De Moisés a Davi, vemos o Reino de Deus avançando para trás no Antigo Testamento. Escolhendo esta nação improvável chamada Israel como Seu povo. Eles foram escravizados, espancados, divididos e vagaram por gerações até que o próprio Deus apareceu nas palhas de uma manjedoura.

O tão esperado Salvador nasce para um casal não-casado no lugar mais improvável. O Rei dos reis é filho de um trabalhador como eu. Seu pai, José, era carpinteiro. Sua mãe era uma adolescente. E eles estavam fugindo de um rei louco.

Se as Escrituras nos ensinam alguma coisa, é que Deus faz o inimaginável com as pessoas mais improváveis.

A própria história da Hillsong é a prova de como Deus opera. Há 23 anos, éramos apenas uma igreja com um prédio nos subúrbios da zona oeste de Sydney. Literalmente, uma pequena comunidade de fé que a maioria das pessoas não conseguia encontrar em um mapa.

Hoje, estamos em mais de 30 países, em 120 localidades, com mais de 300 reuniões de adoração por fim de semana, e crescendo a cada ano.

E eu realmente acredito que estamos apenas começando.

AVANÇANDO O REINO

No Evangelho de Mateus, temos uma visão privilegiada de como Jesus descreve o Reino de Deus:

"O Reino de Deus é como um tesouro escondido num campo por muitos anos, até ser acidentalmente encontrado por uma pessoa. Ela fica eufórica com a descoberta e vende tudo que possui a fim de reunir a quantia necessária para comprar aquele campo.

O Reino de Deus também é como um comerciante de joias que busca as melhores pérolas. Um dia, encontra a pérola perfeita e imediatamente vende tudo que possui para comprá-la.

O Reino de Deus também é como uma rede de pesca lançada ao mar, que apanha toda espécie de peixes. Quando está cheia, é puxada até a praia. Os peixes bons são recolhidos e guardados num tonel; os que não estão bons são jogados fora. Assim será feito no desfecho da História. Os anjos virão, separarão os peixes ruins e os jogarão fora. Haverá muita reclamação e desespero, mas isso não vai fazer nenhuma diferença."

Jesus perguntou: 'Vocês estão entendendo?'.

Eles responderam: 'Sim'.

Ele acrescentou: 'Então vocês já devem ter notado que o aluno bem instruído no Reino de Deus é como o proprietário de uma loja, que tira da prateleira o que necessita, novo ou usado, no momento em que precisa.'"

(Mateus 13:44-52)

Sim. Vale a pena vender tudo pelo Reino de Deus. Como o tesouro no campo e a pérola inestimável, quando seus olhos se abrem para o propósito do Reino, você nunca mais será o mesmo.

Mas se você notar, Jesus usa a palavra escondido. Acho que é porque poucos cristãos percebem que Jesus está falando sobre o que está dentro deles. Acredito que Deus vê potencial nos corações dos homens. Eu sei que Ele viu potencial neste australiano grande e feio antes que eu pudesse vê-lo em mim mesmo.

E acredito que o Reino está escondido aos olhos de todos hoje. Quando os seus olhos são finalmente abertos como os meus, bem, isso muda tudo.

Sua vida será virada de cabeça para baixo e do avesso.

Ficará claro para você o que significa viver uma vida "boa".

Você também terá sabedoria para saber o que precisa e como pode ajudar os demais. Essa é a Vida do Reino. Esse é o propósito que eu buscava 24 anos atrás.

E nossas vidas nunca mais foram as mesmas.

Claro, tem sido difícil.

Mas valeu a pena cada passo do caminho.

E aprendi que cada passo é um passo de fé.

Fé é a palavra espiritual para confiança. E quando você dá um pequeno passo de fé, o que você está declarando é que você confia em Deus, que Ele é sua Fonte.

A cada pequeno passo de fé, você se afasta de tentar fazer tudo com as suas próprias forças e se move na direção do caminho do Reino.

Então dê um passo de fé e sirva ativamente na sua igreja local.

Dê um passo de fé e dizime.

Dê um passo de fé e sacrifique seu tempo e seus recursos.

Dê um passo de fé e dê respaldo ao seu pastor.

Dê um passo de fé e deixe de lado qualquer coisa que o impeça de apegar-se à vida para a qual Deus está chamando você.

Deixe de apenas estar "dentro" e passe a ir "com tudo".

Você só tem essa vida. Por que desperdiçá-la buscando as coisas deste mundo? Por que desperdiçá-la tentando construir seu próprio reino? Por que desperdiçá-la buscando as coisas que não duram?

Acorde.

Dê meia volta.

E comece a ir na direção oposta.

É isso que quero dizer com avançar para trás.

O AVANÇO NEM SEMPRE FARÁ SENTIDO

Existe uma história no Antigo Testamento em que Israel está prestes a ir à guerra (veja Juízes 7). Gideão é o líder nesse momento e os combatentes sob seu comando são cerca de 32 mil. Para provar o quão poderoso Ele é, Deus ordena a Gideão que envie algumas das suas tropas para casa.

Então Gideão pede que 22 mil homens voltem para casa.

Deus ainda não está satisfeito. Ele ordena que Gideão

ponha à prova os 10 mil que ficaram. Deus diz a ele para levar os homens até as fontes de água. A maioria deles (9.700) lambe a água com suas línguas, mas 300 homens pegam a água com suas mãos e a levam à boca para beber.

Deus diz a Gideão para ficar apenas com os 300.

Agora, um pequeno detalhe que você precisa saber é que o inimigo de Israel eram os midianitas. O exército deles contava com 120 mil homens.

Você leu certo. Mesmo com a força de batalha original de Gideão, ele tinha menos homens em uma proporção de 4:1.

Mas lembre-se de que o nosso Deus é um Deus de desamparados. Ele pode fazer muito mais do que podemos imaginar.

Então aqui vemos Deus aumentar a proporção para 400:1.

A matemática simplesmente não fecha. Mas isso que é maravilhoso em Deus. Ele não precisa de números.

Ele não precisa das probabilidades a Seu favor.

Não.

Ele busca pessoas preparadas para avançar com fidelidade. Mesmo que pareça impossível, improvável e contraditório.

Naquele dia, os 300 homens escolhidos por Deus derrotaram os 120 mil inimigos.

Parece muito com os Kingdom Builders.

Deus também está buscando fazer o impossível na sua vida. Ele quer saber se você será alguém que Ele pode usar, se você está pronto para sacrificar-se e dar um passo de fé.

E mais um depois desse.

E depois outro.

Percebi que a maioria dos cristãos será como os 31.700 que foram enviados para casa. Mas o núcleo do núcleo – os Kingdom Builders – fará o Reino avançar de modo sacrificial.

Não sei quanto a você, mas eu quero ser alguém que Deus pode usar. Quero dar pequenos passos de fé todos os dias. Quero ver Deus fazer o impossível na minha vida e na vida dos meus filhos.

Não quero fugir das oportunidades e das bênçãos.

Susan e eu queremos ser pessoas de fé que confiam em Deus nos bons e nos maus momentos, pessoas que fazem o Reino avançar mesmo que pareça que estamos indo para trás.

E sei que nem sempre parecerá que faz sentido.

Mas é por isso que se chama "fé".

Tive um vizinho que sempre gritava quando me via: "Denton, quero ter a sua vida."

Esse homem não tinha ideia do sacrifício e da apreensão que Susan e eu passávamos, mas acho que ele conseguia ver claramente que alguma coisa era diferente em nós. Acredito que ele pôde ver a bênção de Deus nas nossas vidas.

Acho que ele podia ver o Reino escondido em nós.

PARTE DOIS

OS PARCEIROS

MINHA ESPOSA

———

Minha esposa, Susan, tem sido a força motriz desde o primeiro dia.

No início do nosso casamento, já éramos Kingdom Builders há alguns anos, junto à nossa jovem família, e queríamos intensificar o nosso compromisso em doar.

Lembre-se de que eu era apenas um encanador. Era tudo o que eu sabia fazer. Não tinha nenhuma outra qualificação. O que mais podíamos fazer?

Susan e eu estávamos sentados à mesa uma noite e falávamos sobre como poderíamos dar um passo à frente.

E seguimos a linha do raciocínio lógico...

O encanador trabalha para o construtor. E o construtor trabalha para o desenvolvedor imobiliário. Então quem ganha mais dinheiro? O desenvolvedor imobiliário.

Então dissemos: "Ok. Vamos fazer isso."

Susan perguntou: "Quem nós conhecemos que seja um desenvolver imobiliário?"

Por acaso, havia um homem na igreja que tinha comprado um grande terreno e construiu um duplex. Mencionei o nome dele a Susan e disse: "Vou ligar para ele na próxima semana e ver se consigo uma reunião."

Imediatamente, Susan me respondeu: "Ligue para ele agora."

Respondi: "Não posso ligar para ele agora. Sei que ele está jantando na casa de outro membro da igreja."

Susan disse: "Ok, tudo bem. Já que essa pessoa mora no fim da rua, vá até lá agora e pergunte a ele."

E eu disse: "Não posso ir lá agora. Eles estão jantando."

Susan retrucou: "Você quer isso ou não quer?"

Dirigi até a casa do meu vizinho, onde o desenvolvedor imobiliário estava jantando, e bati na porta. Meu vizinho abriu-a e disse: "Oi, Andrew. Como posso ajudá-lo?"

Eu disse: "Bem, na verdade, eu vim falar com o seu convidado."

E meu vizinho disse: "Ele sabe que você está vindo?"

Respondi: "Não."

Ele disse: "Você sabe que estamos jantando, certo?"

E eu: "Sim. Vai levar só um minuto."

Ele me olhou por um momento. "Ok, vou buscá-lo."

O desenvolvedor chegou à porta e disse: "Diga, meu amigo. Como posso ajudá-lo?"

Eu lhe disse: "Veja, Susan e eu queremos aumentar nossas doações e queremos entrar no ramo de desenvolvimento imobiliário. Sei que essa é a sua área e queria saber se podemos tomar um café essa semana."

Ele pensou por um segundo e respondeu: "Hoje eu vi um projeto. É muito grande para mim, e é muito grande para nós dois. Você conhece uma terceira pessoa?"

Com um pouco de relutância, eu disse: "Sim."

Ele disse: "Legal. Vamos almoçar amanhã e traga a terceira pessoa. Vou voltar lá para dentro agora e terminar o jantar."

Eu respondi: "Ótimo, obrigado."

Voltei para casa e contei sobre a conversa para Susan, tentando explicar que eu precisava encontrar uma terceira pessoa.

Ela disse: "Phillip."

Eu disse: "Qual Phillip?"

Susan respondeu: "Phillip, seu irmão."

E insisti: "O que tem ele?"

E ela disse: "Ele é a sua terceira pessoa."

Eu disse: "Ele não vai se interessar."

Ela disse: "Pergunte a ele."

Phill tinha 26 anos naquela época. Já era um milionário. Estava indo para a sua terceira casa como construtor. Muito bem-sucedido. Ele vivia em uma casa enorme que ele mesmo construiu. Todo mundo pensava que ele era traficante de drogas porque sua casa era muito grande e ele era muito jovem.

Então fui até a casa do Phill e bati na porta. Ele veio até a porta e disse: "E aí mano, como posso ajudá-lo?"

"Veja, Susan e eu queremos entrar no ramo de desenvolvimento imobiliário para conseguir aumentar nossa doação com os Kingdom Builders. Essa noite fui conversar com um desenvolvedor imobiliário. Ele tem um projeto em potencial, mas acha que é grande demais para duas pessoas e, por isso, ele está procurando por uma terceira pessoa. Perguntei à Susan quem poderia ser a nossa terceira pessoa e ela sugeriu você."

Phill me olhou e disse: "O quê? Você está brincando?

Acabei de conversar com a Melissa hoje e lhe disse que não poderia manter esse ritmo, trabalhando por tantas horas, dia após dia. Que eu precisava estar em um negócio que tivesse mais flexibilidade e que eu pudesse trabalhar de qualquer lugar."

Essa conversa aconteceu há 21 anos. Estamos juntos em sociedade desde então. Andrew e Susan, Phill e Melissa.

Então o ponto de toda essa história é o seguinte: nós apenas demos um passo.

Um passo de fé.

E foi a minha esposa que me encorajou a agir. Chamo isso carinhosamente de "Fator Susan".

Ao longo das Escrituras, Deus nos diz que não é bom que o homem fique sozinho. De Gênesis a Provérbios, e nas cartas de Paulo no Novo Testamento, Deus fala sobre o poder de uma esposa piedosa.

Em toda a nossa vida juntos, Susan orou, trabalhou e ficou ao meu lado a cada passo no caminho.

Ela ensinou nossos filhos a temer a Deus e a viver vidas generosas.

Ela me encorajou a arriscar, crescer e dar.

Ela moldou o caminho.

Provérbios 31:10-31 fala sobre o tipo de mulher que Deus usa para construir o Reino:

> Uma boa mulher é difícil de encontrar,
>   ela vale muito mais que diamantes.
> O marido confia nela sem reservas,
>   e disso nunca se arrependerá.
> Ela não é irritada e o trata muito bem

por toda a vida.

Ela compara os preços, em busca dos melhores
fios de lã e de algodão,
e se alegra em tricotar e costurar.

Ela é como o navio mercante, que navega até os
lugares mais longínquos e traz surpresas exóticas.

Ela se levanta antes do amanhecer, prepara o café
da manhã para a família e organiza seu dia.

Examina um campo e o compra e depois,
com o dinheiro que poupou, planta uma horta.

A primeira coisa que faz de manhã é vestir-se para o
trabalho: ela arregaça as mangas, ansiosa por
começar.

Compreende o valor de seu trabalho,
e não tem pressa de dar o dia por encerrado.

Ela é habilidosa nos serviços do lar e da família,
proativa nas tarefas da casa.

Ela não demora para acudir os que estão com
necessidade;
estende a mão para socorrer o pobre.

Ela não se preocupa com a família quando neva;
suas roupas de inverno estão todas consertadas
e prontas para uso.

Ela mesma faz as roupas que usa,
e se veste de roupas de linho coloridas e
vestidos de seda.

Seu marido é muito respeitado
quando se reúne com as autoridades locais.

Ela desenha vestidos e os vende,
leva blusas que tricotou para as lojas de
roupas.

Suas roupas são benfeitas e elegantes,
e ela sempre encara o dia de amanhã com um
sorriso.

Quando abre a boca, sempre tem algo importante
a dizer,
   e sempre o diz com toda gentileza.
Ela é atenta a todos os de sua casa, e mantém
   todos eles ocupados e produtivos.
Os filhos a respeitam e dela falam bem;
   o marido não economiza elogios:
"Muitas mulheres têm feito coisas maravilhosas,
   mas você superou todas!"
O encanto pode enganar, e a beleza logo desvanece.
   A mulher que merece admiração
   é a que vive no temor do Eterno.
Dê a ela tudo que ela merece!
   Adorne sua vida com elogios!

Essa é a Susan. Ela foi enviada por Deus e é minha melhor amiga desde quando eu era um adolescente. Não consigo imaginar a vida sem ela.

Quando faço os encontros individuais, depois da minha conversa sobre os Kingdom Builders, sempre peço para me reunir com o casal.

Por quê?

Por causa do "Fator Susan".

Sei que existem outros Andrew e Susan Denton a quem Deus chamou para financiar o Reino. E, normalmente, é a esposa que entende isso primeiro.

A VISÃO DA SUSAN

Provérbios 29:18 diz:

> Quando as pessoas não conseguem ver o que Deus
> está fazendo, elas tropeçam em si mesmas;
> mas, quando atentam para o que ele revela,
> são as mais abençoadas.

Isso poderia resumir minha vida com Susan.

Ponto final.

Visão é o poder de ver. É, literalmente, caminhar com Deus. Escutar de Deus. E viver em resposta à Sua vontade para minha vida.

Susan faz isso.

Eu faço isso.

E o resultado é que fomos abençoados para podermos abençoar.

Quando conheci Susan, ela podia ver em mim o que eu não podia ver em mim mesmo. Eu disse exatamente essas palavras a ela: "Desde que eu tenha as ferramentas e não precise lidar com as pessoas, estou feliz assim."

Mas ela pensou consigo mesma: "Oh, meu querido. Meu plano de vida não é esse. Mas vamos ver o que Deus pode fazer com este diamante ainda não lapidado."

Então ela me pressionou a dizer sim a uma empresa de marketing multinível. Embora não tenhamos tido um grande sucesso nesse negócio, Susan sabia que eu acabaria aperfeiçoando certas habilidades comerciais, administrativas e de oratória.

Por cinco anos, trabalhei como encanador durante o

dia, trabalhei na minha empresa de encanamento à tarde e, à noite, estava sob a pressão do meu negócio paralelo.

Foi muito difícil.

Mas Susan conseguiu ver um caminho para nós. Ela conseguia ver além de onde estávamos na época. Ela conseguia ver para onde Deus estava nos chamando. Ela percebeu que a única maneira de seguirmos em frente era parar de tentar fazermos tudo sozinhos.

Susan estava pronta para o sucesso. E eu também.

Foi nessa época que comecei a ver o que Deus estava mostrando a ela o tempo todo. Parei com aquela euforia, me humilhei e embarquei naquilo que Deus estava nos chamando.

Naquele ano, demos início aos Kingdom Builders.

SOB O MESMO JUGO

Em Gênesis, vemos que não é bom que o homem esteja só. Eva é dada por Deus a Adão.

Bem, Susan foi dada por Deus a Andrew.

Posso dizer que Deus sabia que eu precisava de alguém para me incentivar, me encorajar, me amar e andar ao meu lado. Alguém que não deixaria que eu me conformasse com a situação. Alguém tão teimoso quanto eu.

Aprendi que a vida não funciona sem um igual.

Um parceiro. Um colaborador.

Mais de uma vez, em nossa vida juntos, Deus falou com Susan e comigo. E, mais de uma vez, estivemos na mesma página. Mais de uma vez, doamos, servimos, adoramos e semeamos juntos.

O apóstolo Paulo escreve sobre ter um parceiro tal qual você:

> Não se tornem parceiros dos que rejeitam Deus. Não há como fazer parceria entre o certo e o errado. Não é parceria: é guerra. A luz é amiga das trevas? Cristo passeia com o Diabo? A verdade e a mentira andam de mãos dadas? Quem pensaria em pôr ídolos pagãos no templo santo de Deus? Pois é exatamente o que somos, cada um de nós é um templo, e Deus vive em nós. Ele mesmo disse:
> "Vou viver neles e neles vou me mover;
> vou ser o Deus deles, e eles serão o meu povo"
> **(2 Coríntios 6:14-16)**

Susan pode me descrever como leal, trabalhador e um bom amigo. Eu posso descrevê-la como generosa, piedosa e intuitiva.

Esta é a história dela tanto quanto a minha. Na verdade, é a história de nós trabalhando juntos para dar passos de fé. Estamos no mesmo time. Temos a mesma visão.

Sim, a vida tem sido desafiadora.

Sim, a vida nem sempre funcionou do jeito que queríamos.

Sim, já nos frustramos.

Mas também confiamos em Deus.

E um no outro.

OS FILHOS DOS MEUS FILHOS

Estas são somente algumas das promessas de Deus que são repetidas nas Escrituras sobre o cuidado com os filhos de quem é fiel:

> O Eterno renovará o coração de vocês e de seus filhos e os deixará livres para amar ao Eterno, o seu Deus, de todo o coração e para viver de verdade. O Eterno fará cair todas aquelas maldições sobre os inimigos que, movidos pelo ódio, oprimiram e perseguiram vocês.
>
> **(Deuteronômio 30:6-7)**

> "Pode a mãe esquecer o bebê que mama,
>   abandonar o filho que deu à luz?
> Pois, mesmo que as mães esqueçam,
>   eu nunca esquecerei você. Nunca!"
>
> **(Isaías 49:15)**

> Todos os seus filhos serão ensinados pelo Senhor,
>   e grande será a paz de suas crianças.
>
> **(Isaías 54:13 NVI)**

Mas Deus diz: "Pare com esse choro incessan-
te, segure as lágrimas.
Colha a recompensa por seu lamento".
    É o decreto do Eterno.
"Eles voltarão para casa!
    Há esperança para os seus filhos!".
É o decreto do Eterno.
                              (Jeremias 31:16-17)

Meu filho, não se esqueça da minha lei,
    Mas guarde no coração os meus mandamentos,
pois eles prolongarão a sua vida
    e lhe darão prosperidade e paz.
                              (Provérbios 3:1-2 NVI)

Mostre a direção da vida para seus filhos — e, mesmo
    quando forem velhos, eles não se perderão.
                              (Provérbios 22:6)

Antes eu era jovem e agora
    sou um velho de barbas grisalhas —
mas nem uma única vez vi o homem
    temente a Deus ser abandonado
ou seus filhos perambulando
    sem rumo pelas ruas.
Ele sempre tem para dar e emprestar,
    e seus filhos o deixam orgulhoso.
                              (Salmos 37:25-26)

Atentem, queridos amigos, à verdade de Deus,
    prestem atenção ao que vou contar.
Estou remoendo um pedaço de provérbio e
    revelarei a vocês as doces e antigas verdades,
as histórias que ouvimos do nosso pai

os conselhos que aprendemos no colo da nossa
mãe.
Não vamos guardar isso para nós:
vamos passá-lo para a próxima geração —
a fama e a força do Eterno,
as coisas maravilhosas que ele fez."

(Salmos 78:1-4)

Os teólogos estimam que há cerca de 3 mil promessas
de Deus na Bíblia. Não sei quanto a você, mas para mim
isso é uma boa notícia.

Significa que podemos confiar em Deus.

Ele quer nos abençoar.

Susan e eu vimos isso muitas vezes na vida dos nossos
filhos. Vimos isso na bênção de duas noras bondosas e do
nosso genro.

E estamos começando a ver também na vida dos nossos netos.

Todas as quartas-feiras, fico em casa com Dallas. Com
isso, quero dizer que, todas as quartas-feiras, ele fica com
o vovô. Eu não fazia ideia do que perdi quando meus filhos eram pequenos. Todas as horas que eu dediquei a
tentar construir uma vida foram, na verdade, às custas da
vida real. E me comprometi a não cometer o mesmo erro
de novo. Não sei nem por onde começar a dizer a bênção
que os netos são.

OS DENTONS

Se você já esteve alguma vez no campus principal da
Hillsong, em Sydney, em algum momento, com certeza

você já viu uma parte da minha família. Existem muitos de nós. Meu pai era pastor na equipe da igreja, todos os nossos filhos estão envolvidos e, agora, também os filhos dos nossos filhos.

Vejamos nossos três filhos, frutos do nosso casamento...

Jono se casou com uma americana, Kmy. Uma texana temente a Deus. Ela veio para a Austrália estudar no seminário bíblico da Hillsong, e Jono a perseguiu como louco. Eu diria que ela disse "sim" ao Jono por causa da nossa família. No momento em que ela entrou em nossa casa, ela sentiu-se em casa. E, mesmo gostando muito do Jono, Kmy diz que foi a família que a fez decidir começar a sair com ele.

De início, Elisabetta entrou em nossa família como a amiga da Anna. Ela se mudou para longe, voltou, e depois se apaixonou pelo nosso segundo filho, Mitch. Ela foi atraída por como nossos filhos eram trabalhadores e fiéis, especialmente Mitch. E ela tem sido um presente muito especial para toda nossa família desde que eles se uniram.

E, então, temos Ehsan, marido da Anna. Como a maioria dos pais se sente, nenhum homem jamais seria bom o suficiente para minha filhinha. Mas Ehsan está chegando perto. Ele está aprendendo. Conheci esse jovem em um evento dos Kingdom Builders e ele trabalhou um pouco comigo na igreja. Por acaso, ele já havia se interessado pela Anna, e a Anna havia se interessado por ele, mas Ehsan estava com muito medo de pedir o número dela. Então passei o número para ele, que não desperdiçou a oportunidade.

Pergunte a qualquer um dos nossos filhos ou a seus cônjuges e eles diriam que nós, os Dentons, somos conhecidos pelo nosso compromisso com a igreja e pela nossa união como família.

Sempre tentamos transmitir um ambiente de união para nossos filhos.

Nós os amamos com disciplina e fizemos da família uma prioridade em tudo o que fazemos...

Almoços de domingo.

Férias em família.

E estamos na vida um do outro nos bons e nos maus momentos. Nos altos e baixos. Aniversários, bodas de casamento e pequenas comemorações de todos os tipos.

Não somos perfeitos, e não fingimos ser. Mas somos gentis. Somos generosos. Nós perdoamos.

E somos uma família.

ABENÇOADOS PARA ABENÇOAR

Quando nossos filhos eram pequenos, Susan e eu orávamos por eles e pedíamos a Deus que fizesse com que eles fossem a cabeça, não a cauda. Para que fossem abençoados para que pudessem abençoar. Para que fossem gentis e generosos. (veja Deuteronômio 28:13).

Queríamos ensinar nossos filhos a trabalhar duro, para que eles pudessem ter os recursos para ajudar a outros, para que estivessem em uma posição de abundância, não em um lugar de escassez.

Nós os ensinamos a cuidar do que tinham para que, eventualmente, pudessem cuidar dos outros. Ensinamos a serem prudentes com seus recursos e a economizar.

Veja, quanto maior a sua capacidade, maior a bênção. É uma lição simples, mas queríamos trazer como modelo do modo como vivíamos.

Uma das coisas que fizemos por eles, e ainda fazemos até hoje, é ter uma política de portas abertas em nossa casa. Seus amigos são sempre bem-vindos em nossa casa.

Queremos abrir espaço para os necessitados. Queremos que nossa casa seja um refúgio.

Queremos viver uma vida generosa.

Queremos poder acolher as pessoas.

Queremos abençoar os outros.

E nossos filhos aprenderam a fazer a mesma coisa.

Deus fez uma promessa a Abraão. Basicamente, Ele disse: "Vou reescrever a História através dos filhos dos seus filhos" (veja Gênesis 12).

Deus vai abençoar geração após geração dos filhos de Abraão.

Por quê?

Por causa de quem Deus é. É a Sua natureza. É o que Ele faz.

E é por causa da fé de Abraão.

Acredito que a maioria dos cristãos vive vidas pequenas. Nunca arriscam nem acreditam em uma vida maior. Nunca esperam nem oram para que as gerações dos seus descendentes conheçam e confiem em Deus.

Eu tinha pouca fé, e fé se trata de capacidade. É sobre o quanto você pode ser confiável, sobre o quanto você pode ser abençoado.

Susan e eu descobrimos que Deus nos coloca à prova.

Ele vai dar a você um pouco e ver como você vai usá-lo.

Então Ele vai lhe dar um pouco mais.

E depois, um pouco mais.

Antes que você perceba, Ele vai abençoá-lo com muito mais do que você pode pedir, pensar ou imaginar. Ele fez isso mais de uma vez na nossa vida e na vida dos nossos filhos.

Por quê?

Porque fomos fiéis.

Porque confiamos nas Suas promessas.

Porque vamos "com tudo" com Ele.

Porque vivemos com propósito.

Creio que Deus está buscando homens e mulheres que darão um pequeno passo de fé.

Que recusarão soluções rápidas e recompensas instantâneas.

Que deixarão de tentar fazer tudo sozinhos e que confiarão no Único que pode fazer tudo.

Deus quer abençoá-lo.

E Ele abençoa de verdade.

NUNCA É TARDE DEMAIS

Jesus conta uma história nos Evangelhos sobre um fazendeiro rico que tinha dois filhos (veja Lucas 15:11-22). Um filho cumpria suas obrigações, era obediente, sempre disponível e disposto a ajudar seu pai. O outro filho era um pouco imprevisível, um rebelde.

O filho mais novo vem até seu pai e pede sua herança. O pai não discute. Ele lhe dá o que ele pede, e o filho segue seu caminho contente. Jesus nos diz que o filho mais novo sai para aproveitar: desperdiça o que lhe foi dado com prostitutas, bebidas e vivendo de modo desregrado.

Até o ponto em que ele chega ao fim da estrada, sem ter para onde ir, a não ser voltar para casa.

Então ele volta para o seu pai, que o vê chegando. O pai faz algo surpreendente: com os braços abertos, ele recebe o filho em casa e dá uma festa para o filho pródigo.

Bem, o irmão mais velho fica sabendo do que está acontecendo e tem um acesso de fúria. Ele se recusa a entrar e, por isso, o pai também vai até ele e lhe assegura o seu lugar e a sua graça.

Como a maioria das parábolas de Jesus, existem várias camadas de significado para encontrarmos nessa famosa história.

Deus é um Pai generoso que está pronto para abençoá-lo.

Deus não tem favoritos e está pronto para perdoá-lo, sem importar o quanto da sua vida você desperdiçou.

E Deus se importa com o seu coração. O filho mais velho tinha um coração ciumento. O filho mais novo tinha um coração rebelde. Deus está procurando corações abertos.

Lembre-se: ser um Kingdom Builder é uma condição do coração.

Trata-se de entrega, humildade, aprendizado e confiança. Sou um pai com três filhos e três filhas. Felizmente, nenhum dos meus filhos ou seus cônjuges se rebelou contra mim ou contra Deus.

Mas vou dizer que eu os amaria do mesmo jeito e confiaria que eles voltariam como o filho pródigo.

Então, se você está lendo isso e acha que está muito longe para que Deus o use... bem, você está enganado.

Deus está no ramo da restauração. Ele vai mudar sua vida e colocá-la de cabeça para baixo. Mas Ele está esperando que você desperte, que você pare de se desmerecer, que você deixe de desperdiçar a bênção.

Você não precisa carregar uma maldição geracional para o futuro. Você pode quebrá-la.

Tudo o que é necessário é um pequeno passo de fé.

Tudo o que você precisa fazer é recuperar o juízo, como o filho pródigo fez, e voltar para casa.

Seu Pai Celestial está esperando. Acompanhando. E pronto para vir correndo para que Ele possa abençoá-lo.

E fazer de você uma bênção.

Pergunte aos meus filhos.

MEU PASTOR

———

Meu pastor não é perfeito.

Na verdade, ele não está nem perto disso. Para começar, ele é neozelandês. Mas não é isso que eu tenho contra ele. Eu me casei com uma neozelandesa e, por isso, eu gosto muito deles.

Uma coisa com certeza ele é: um visionário.

As Escrituras nos dizem em Provérbios 29 que, sem visão, o povo perece (veja o versículo 18). E isso me diz que o contrário também é verdadeiro.

No início dos anos noventa, Deus deu uma imagem do futuro ao meu pastor, uma visão.

Mais especificamente, uma igreja local com alcance global. Um movimento com mentalidade do Reino pela Causa de Cristo. Uma rede de igrejas em todo o planeta, que estivessem baseadas em grandes cidades e de influência, impactando milhões para o Evangelho.

O que começou com alguns poucos cristãos se reunindo no auditório de uma escola nos arredores de Sydney, agora são mais de 150 mil pessoas adorando juntas em todos os continentes. Uma casa com muitos cômodos.

A Igreja Hillsong é uma família global.

Mas o meu pastor é local. Eu o conheço pelo seu nome; ele me conhece. E eu confio nele.

Por quê?

Porque, como já disse, eu consigo ver os frutos da sua vida e do seu ministério.

Os Kingdom Builders são uma extensão do coração que os pastores Brian e Bobbie têm pelas nações: ver igrejas significativas e apostólicas nas comunidades locais, que não podem ser ignoradas por causa das contribuições significativas que estão fazendo.

Uma das principais razões pelas quais a Hillsong se tornou global é que alguns Kingdom Builders captaram a visão do meu pastor. Por isso, fomos capazes de assumir uma posição de potência para tornar essa visão uma realidade.

A maioria dos pastores não tem a visão do pastor Brian.

Realmente acredito que o pastor Brian é um líder único. Foi o coração dele e o chamado de Deus que levantaram um grupo de Kingdom Builders, e eu peguei uma carona nisso nos últimos 24 anos.

Eu confio nele.

Dou respaldo a ele.

O pastor Brian nunca pediu a mim ou a nenhum Kingdom Builder para fazer nada que ele mesmo não estivesse preparado para fazer. Ele tem sido um Kingdom Builder desde o primeiro dia, e sei que houve momentos na vida dos Kingdom Builders em que ele foi o maior doador do grupo.

Ele é uma alma generosa. Já tive que brigar com ele por causa da conta do jantar inúmeras vezes (e é o dinheiro dele que paga, não o da igreja).

Um dos lemas pessoais do pastor Brian é: "O gasto é sazonal; a generosidade é um estilo de vida", e ele e a Bobbie vivem isso na prática.

OS "INOFENDÍVEIS"

O pastor Brian apoia plenamente os Kingdom Builders, mas ele não nos trata de forma diferente. Ele dedicada tempo para nós e nos honra.

Nós temos um retiro anual para os Kingdom Builders e esse é o único momento que pastor Brian usa para fazer qualquer anúncio a respeito do nosso grupo. Ele passa o fim de semana inteiro conosco e, no domingo, nós nos espalhamos por todas as localidades onde a igreja está presente.

Ele geralmente compartilha um pouco sobre nós, mas é algo simples; apenas uma declaração de que somos um grupo pequeno que acredita que nosso propósito é financiar o Reino.

E tudo isso deixa o restante da igreja um pouco curiosa.

Nós somos o núcleo do núcleo.

Nós somos o grupo que ultrapassou os limites e passou de apenas estar "dentro" para ir "com tudo".

Gosto de nos chamar de "inofendíveis".

Não importa o que aconteça, nós damos respaldo ao pastor Brian.

Não significa que eu sempre goste do que o pastor Brian diz. Em um domingo, ele pregou uma mensagem cujo título foi: "Eu e a Minha Casa Servimos ao Senhor".

Eu estava fazendo anotações, com a minha Bíblia aberta, e ele falou para toda a congregação: "Vocês querem ver um exemplo de 'Eu e a Minha Casa Servimos ao Senhor'?" Ele virou e apontou para o lugar onde Susan e eu estávamos sentados e continuou: "Andrew e Susan Denton estão ali. Olhem para eles", e desceu da plataforma.

Depois, ele ainda teve a audácia de me enviar uma mensagem de texto dizendo: "Dei um destaque para você essa manhã."

Respondi: "Um destaque? Você me colocou em uma confusão, meu amigo! Nem posso mais mostrar o dedo para ninguém no estacionamento. Todo mundo vai me vigiar agora."

O pastor Brian é assim. Ele já sabia que eu era um dos "inofendíveis".

Mas isso também me impactou. Todos já estavam me observando e queriam saber o quanto eu levava aquilo a sério.

Susan e eu levamos isso a sério.

E mesmo que venha vento ou chuva, nós damos respaldo ao pastor Brian.

REIS E SACERDOTES

O pastor Brian ama ajudar as pessoas. Ele ama ver as pessoas vivendo à altura do seu potencial. Em última instância, ele está comprometido a fazer todo o possível para alcançar as pessoas e conectá-las a Jesus.

Ele acredita em milagres.

Ele lidera indo à frente.

Ele viaja, fala e escreve tudo pela Causa de Cristo.

Hoje seu papel é amplo e global. Mas sua missão não mudou durante os 37 anos em que ele tem sido o pastor da Hillsong. Essa é a missão dos Kingdom Builders.

Da Ucrânia à Espanha, da América do Norte à Austrália, ele defende a Causa de Cristo. Ele está construindo o Reino.

O seu papel é a visão. Ele é um sacerdote. Meu papel, como Kingdom Builder, é a provisão para financiar a visão.

O pastor Brian chama essa dinâmica de "Reis e Sacerdotes".

O papel do sacerdote, ao longo das Escrituras, era conectar as pessoas com Deus. Esse é o coração do pastor Brian. Esse é o seu chamado, o seu ministério.

Meu papel como um Kingdom Builder é ajudar a financiar o Reino. Ajudar a levantar uma oferta "acima e além" para que a mensagem do Evangelho possa ser levada ao redor do mundo.

Os dois trabalham juntos: visão e provisão, uma imagem do futuro e os meios para que essa imagem se torne realidade.

Talvez – apenas talvez – esse seja seu chamado também?

Prover. Trabalhar duro. Dar e doar de modo sacrificial para que a visão do seu pastor se transforme em realidade.

E esse é o papel de um rei – proteger e prover.

O PAPEL DO PASTOR

Tomei uma decisão há 16 anos de contratar pessoas mais inteligentes do que eu.

Aprendi isso com o pastor Brian, pois ele sempre teve esses pastores e líderes supertalentosos trabalhando com ele.

As pessoas perguntavam a ele: "Você não se sente ameaçado por eles?", e o pastor Brian dizia: "Não. É uma honra trabalhar com pessoas tão inteligentes e criativas. Graça a seus dons, a Igreja Hillsong é capaz de inovar, progredir e florescer. Honestamente, eles melhoram minha aparência. Eu lidero à frente, mas não poderia ter o mesmo tipo de alcance e conhecimento sem meus colegas."

Esse tipo de liderança requer confiança. É preciso humildade.

E é preciso uma capacidade incrível para identificar e atrair o tipo adequado de talento, nutrir esse talento e deixar o caminho livre.

Acredito que a razão de muitos pastores falharem é que eles são muito egocêntricos. Eles têm muito orgulho e precisam estar no controle.

Esse não é o tipo de líder que Deus promete em Jeremias, no capítulo 3.

Também já vi o pastor Brian sendo um líder forte e decisivo. As pessoas não querem seguir um líder hesitante, querem seguir um líder cuja visão é direta e verdadeira.

Os pastores precisam ser persistentes para ver a riqueza nas pessoas, e vi o pastor Brian fazendo isso várias vezes ao longo dos anos em que tenho seguido sua liderança. E isso funciona.

Por quê?

Porque isso levanta a próxima geração de Reis e Sacerdotes na Igreja.

Pastores também precisam ouvir a sabedoria coletiva, e é preciso coragem para pedir ajuda. Eles devem ter uma atitude que comunique que eles não são o centro, que eles não sabem tudo, que eles não têm todas as respostas.

Lembro que, há quatro ou cinco anos, eu disse algo inapropriado, e o pastor Brian conversou comigo sobre isso.

Ele disse: "Você é um pouco bocudo, Denton."

Eu disse: "Sim, você tem razão. Vou me desculpar."

Ele olhou para mim e disse: "Andrew, sabe o que eu mais amo em você? Você é fácil de ensinar."

Os pastores também precisam ser capazes de aprofundar e saber quando lutar pelo futuro, de modo feroz e imbatível, sendo implacáveis.

Os pastores também devem ser capazes de priorizar seu próprio bem-estar. Trata-se de disciplina. E serem fortes o suficiente para dizer "não", o que se resume a serem capazes de tomar as decisões corajosas.

Pastores devem liderar tomando a iniciativa, assim como o pastor Brian, no sentido de que eles não pedirão que ninguém mais faça o que eles mesmos não estejam dispostos a fazer.

Eles devem fazer mais do que são pagos para fazer, devem dar mais do que eles têm, devem se esforçar mais do eles querem, devem consumir menos do que eles desejam, devem ajudar mais do que o necessário e devem desperdiçar menos tempo do que o necessário.

Por fim, acredito que os pastores devem ser intuitivos. Eles têm que ser capazes de ver as coisas, e isso requer uma vida de oração rica e profunda.

Se você é um pastor lendo isso, saiba que as pessoas que você está tentando liderar nunca chegarão mais longe do que você.

O seu rebanho nunca vai ultrapassá-lo. Nunca irá deixá-lo para trás. Nunca deixará de servi-lo.

Se essa lista de comportamentos cria uma sensação de desespero em você, então que bom.

Deus é um Deus de transformação. Ele promete nos dar um novo coração e um novo espírito. E essa promessa se aplica a você.

O que eu amo nos pastores Brian e Bobbie é que eles vivem isso.

Sua visão para a Igreja Hillsong vai além deles. Tem que ser assim.

Porque não se trata deles, trata-se do avanço do Reino de Deus; a Causa de Cristo indo adiante e o povo de Deus vivendo o Evangelho em lugares importantes e influentes em todo o mundo.

A PROMESSA DE DEUS SOBRE UMA VISÃO

Lucas registra uma palavra profética de Joel sobre a Igreja:

"'Nos últimos dias', Deus diz: 'Vou derramar meu Espírito
sobre todo tipo de gente —
seus filhos vão profetizar,
e também suas filhas;
Seus jovens terão visões,
seus velhos terão sonhos.
Quando chegar a hora,
vou derramar meu Espírito
Sobre todos os que me servem,
homens e mulheres de igual modo,
e eles vão profetizar.
Mostrarei maravilhas no céu
e sinais na terra,
sangue, fogo e fumaça,
o Sol ficará escuro; e a Lua, vermelha,
antes que chegue o dia do Senhor,
o dia tremendo e maravilhoso.
E quem pedir ajuda a mim,
Deus, será salvo.'"

(Atos 2:17-21)

Se a sua igreja não está crescendo, peço que avalie seu coração.

Você acredita nas promessas de Deus?

Você está dando passos de fé?

Qual é o tamanho da sua visão?

Você tem de fato uma visão?

Sua visão é muito pequena?

Meu amigo Lee Domingue tem um ditado: "O pastor define a Visão, mas os Kingdom Builders definem o Ritmo."

A visão é a sua habilidade de ver o futuro. Articular claramente o que você vê na sua igreja e, então, chamar, equipar e capacitar as pessoas.

Preste muita atenção nisso.

A maioria das igrejas fica estagnada com 300 pessoas pois, para a maioria dos pastores, o medo de sonhar alto é maior do que a capacidade que eles têm de liderar.

Se você é assim, você está amputando sua congregação por causa da sua incapacidade pessoal de crescer.

Se você não quer crescer em um nível pessoal na sua própria caminhada espiritual e no seu potencial, saiba que você está deixando a sua congregação estagnada. Eu diria que você está roubando da sua congregação; roubando-lhes o que Deus quer fazer em suas vidas e na vida da sua comunidade.

O alcance da Hillsong está além de qualquer coisa que possamos pedir, pensar ou imaginar, porque o pastor Brian não deixou de sonhar. Ele não deixou de acreditar e não deixou de aumentar o seu próprio potencial.

Ao longo dos anos, vi o pastor Brian aumentar o seu potencial e, como resultado, temos um alcance global. Uma família global.

Uma casa com muitos cômodos.

MINHA REDE DE CONTATOS

Dieter Conrad e eu nos conhecemos há sete anos, depois de uma conversa dos Kingdom Builders na igreja dele.

Dieter tinha todos aqueles grandes sonhos. E me lembro de pensar: "Uau! Sério?"

Ele ia "com tudo". A condição do seu coração era correta.

Mas ele ainda não tinha feito nada significativo. Naquela época, ele ainda estava trabalhando para outra pessoa.

Não voltei a vê-lo novamente por muitos anos. Quando me encontrei com ele quatro anos depois, ele era o maior doador da Igreja Hillsong na Alemanha. Ele passou a integrar o conselho da Compassion e o conselho da Vision Rescue na Alemanha.

E durante aquele período desde a última vez que o vi, ele havia começado o seu próprio negócio e estava ganhando sete vezes o que ganhava antes. Não era o dobro. Eram sete vezes.

Sua vida havia mudado completa e totalmente a partir do momento em que ele descobriu que seu propósito era ser um Kingdom Builder.

Ele é um homem incrível. Uma ótima história.

Conheci outro jovem na Alemanha que dirigiu por três horas somente para ter uma reunião de 15 minutos comigo. Tínhamos nos conhecido dois anos antes e me lembro de ter perguntado a ele: "No que você está crendo que Deus fará? Quão grandes são os seus sonhos?"

E ele respondeu que gostaria de trabalhar para uma empresa específica.

Dois anos depois, quando nos encontramos, ele disse: "Andrew, minhas orações foram respondidas. Vou trabalhar para aquela empresa. Mas isso não é tudo. Vou ser o CEO da empresa. Isso diz exatamente o que é ir acima e além do que podemos pedir, pensar ou imaginar."

Ele disse: "Dois anos atrás, trabalhar naquela empresa já estava acima e além do que eu poderia pedir, pensar ou imaginar. Mas mudar para lá e começar como CEO... É simplesmente absurdo."

Temos também o Juan Marco, em Barcelona. Ele era um rapaz solteiro quando o conheci. Trabalhava em uma empresa e nunca imaginou que poderia assinar um cheque de dois mil euros.

Hoje ele está casado com uma linda jovem da Bielorrússia e assinando cheques de €20 mil e €30 mil. A sua empresa foi a outro nível quando ele se tornou um Kingdom Builder. Ele conhece seu propósito.

Essas são apenas três histórias das centenas que eu poderia contar. É por isso que nunca vou deixar de fazer o que estou fazendo: contar minha história e a história dos Kingdom Builders.

Amo o fato de que as pessoas estão despertando; suas vidas estão mudando. Elas estão começando a entender o seu propósito, vendo Deus arrancar a venda dos seus olhos e vendo Deus fazer abundantemente mais do que elas poderiam pedir, pensar ou imaginar.

Amo ver as pessoas confiando em Deus, dando passos de fé.

E amo pastores que têm fome, ansiando por Kingdom Builders.

PARCEIROS NO EVANGELHO

Hoje, sinto o peso dessa mensagem. Sei do impacto que ela tem nas igrejas onde estou falando, mas sei também que estou falando com pessoas específicas: homens e mulheres como você, que buscam algo mais, algo significativo. Algo pelo qual valha a pena dedicar sua vida, sua carreira e sua família.

Também sei que o diabo não está feliz comigo dizendo isso. Sei que sou um homem marcado. Ele não quer que as pessoas ouçam essa mensagem, e é por isso que eu oro todas as vezes que me levanto para falar.

Peço a Deus para abrir os corações e as mentes para que ouçam a verdade e o poder dessa mensagem.

Sei que se apenas uma pessoa, aquele 1% da congregação, conseguir captar essa mensagem, a diferença que ela pode fazer é enorme. Mas, e se metade do auditório conseguir captá-la?

Esse é o motivo da minha oração. Esses são os parceiros que busco encontrar.

Eu estava compartilhando a mensagem dos Kingdom Builders em Constança, na Alemanha, uma pequena cidade turística – muito parecida com Queenstown, na Nova Zelândia, a cidade de origem da minha esposa.

Naquele momento, parecia óbvio que a cidade de Dusseldorf, economicamente influente e mais desenvolvida, seria a escolha mais inteligente para uma sede, pois era ali que havia uma riqueza mais concentrada e uma população muito maior.

No entanto, foi em Constança que me senti guiado por Deus para profetizar sobre a congregação. Orei: "Assim como Baulkham Hills, um pequeno subúrbio nas proximidades de Sydney, liderou um caminho para os Kingdom Builders, eu creio que, a partir da pequena cidade de Constança, vocês não apenas financiarão a Alemanha, mas também os países vizinhos."

Veja, uma profecia deveria apenas confirmar o que está no coração de alguém.

Os pastores líderes, Friemut e Joanna Haverkamp, estavam lá e eu não os conhecia tão bem naquela época, mas havia ficado gravado em seus corações que eles não deveriam mudar-se para Dusseldorf, mas ficar em Constança. Eles não haviam sentido a confirmação dessa decisão até aquele momento e minha mensagem confirmou o que já estava em seus corações.

Essa mensagem dos Kingdom Builders é uma mensagem de obediência, de escutar a voz de Deus e viver em resposta a ela.

Estou vivendo isso ao levar a mensagem ao mundo todo.

E vi parceiros no Evangelho, os Kingdom Builders, em todo o mundo, dando passos adiante e indo "com tudo".

PROVANDO A DEUS

Quanto viajo por aí compartilhando essa mensagem sobre financiar o Reino, muitas vezes recebo essa pergunta de um marido ou uma esposa: "Como posso estar na mesma página que meu cônjuge em relação a contribuir?"

Sempre recorro ao livro de Malaquias:

> "Tragam o dízimo todo ao depósito do templo, para que haja alimento em minha casa. Ponham-me à prova", diz o Senhor dos Exércitos, "e vejam se não vou abrir as comportas dos céus e derramar sobre vocês tantas bênçãos que nem terão onde guardá-las."
>
> **(Malaquias 3:10 NVI)**

Eu pergunto a esses casais: "Vocês já provaram a Deus?" Ele nos diz para prová-Lo.

E, então, compartilho a mesma história. Estou sentado na igreja, em um domingo, e olho para o outro lado do auditório, onde vejo um jovem que está na igreja há algum tempo. Ele estava no seminário bíblico e voltaria para a Europa para começar uma igreja

Bem, Deus simplesmente colocou no meu coração para semear em seu ministério. E digo: "Ótimo, Deus. Quanto?"

Ele me disse o valor. Bum. Simples assim.

E eu disse: "Tudo bem, Deus, você conhece o trato.

Fale com a Susan também. Ela precisa saber."

Fiquei esperando receber uma cotovelada na igreja naquele instante. Nada aconteceu. A reunião terminou e eu ainda estava esperando que algo acontecesse.

Saímos juntos para o estacionamento. Nada.

Entramos no carro, e eu estava prestes a dar partida quando Susan disse: "Olha, creio que Deus está me dizendo hoje que devemos semear no ministério do Stuart."

E lhe digo: "Sério? Quanto?"

E Susan responde com a mesma quantia que Deus havia revelado a mim. Chorei, porque sou um pouco emotivo.

Fomos obediente e fizemos.

Ele veio nos visitar um domingo para um jantar em família. No final, eu entreguei a ele um cartão com o dinheiro dentro. Ele não tinha ideia do que estava no cartão.

Aquilo teve um grande impacto no Stuart.

Foi tão grande que, meses depois, seus avós escreveram cartas nos agradecendo pelo que aquilo havia significado na vida dele e em seu ministério.

Tenho contado essa história há bastante tempo em todos os lugares para onde fui. Essa é a história que sempre conto às pessoas que me perguntam como podem estar unidas na mesma página.

Em primeiro lugar, como marido, eu tinha minha antena espiritual ligada para ouvir de Deus. E ouvi da parte d'Ele.

Em segundo lugar, eu provei a Deus. "Tudo bem, Deus. Então diga à Susan também."

Em terceiro lugar, ela também tinha sua antena espiritual ligada e ouviu a voz de Deus.

Em quarto lugar, fomos obedientes e fizemos o que nos foi dito. Como resultado, um homem e seu ministério foram abençoados.

Eu estava na Europa alguns anos atrás para alguns eventos. Stuart descobriu e me ligou perguntando se podia vir me ouvir falar. Eu disse: "Claro". Então pensei comigo mesmo: "Preciso contar uma história nova."

Então orei: "Deus, ajuda-me a descobrir o que preciso compartilhar."

Deus respondeu de imediato: "Por quê? O que há de errado com a sua história?"

"Bem, o Stuart estará lá essa noite, Deus. Vai ser um pouco estranho, não?"

Mas Deus disse: "Você confia em mim ou não?"

Fiz, então, a minha exposição e, claro, a pergunta sobre os casais estarem na mesma página surgiu quando eu estava bem de frente para o Stuart. Contei a história dele. Na metade da história, ele estava pensando consigo mesmo: "Ele está falando de mim. Está falando de mim."

Cheguei então na parte em que seus avós me escreveram, e ele nunca soube disso. Então, depois da reunião, ele veio a mim e disse: "Andrew, você não tem ideia do que isso fez por mim. O dinheiro que você e Susan me deram foi a quantia exata que eu precisava para arrumar minha vida e começar meu ministério."

Esse foi o resultado de ser obediente e estar em unidade, na mesma página espiritualmente. Companheiros iguais no Evangelho.

MEU PUPILO

Já viajei por todo o mundo compartilhando minha história, apoiando a Igreja local e defendendo esse chamado para financiar o Reino. A coisa mais extraordinária que encontrei em todas as igrejas onde fui falar foi a quantidade de pessoas como Susan e eu, que estavam apenas esperando para ouvir essa simples mensagem.

Em várias ocasiões, vi futuros Kingdom Builders fazendo uma autosseleção. Levantavam suas mãos e diziam: "Estou dentro."

Uma dessas pessoas, que já mencionei nesse livro, foi Henry Brandt. Ele é aquele cristão de Estocolmo que me levou para jantar com sua esposa. Eles estavam jejuando e orando pelo lançamento dos Kingdom Builders, e Deus lhes mostrou Mateus 6:33 como uma passagem sobre a qual meditar e orar.

Quando me levantei para compartilhar essa mensagem, isso destravou algo em seus corações. Deus estava confirmando para eles, por meu intermédio, que o chamado para ser Kingdom Builders era para eles.

Desde então, Henry viajou comigo por toda Europa e Estados Unidos. Ele carregou minhas malas, me escutou falar e sentou-se comigo em centenas de encontros individuais.

O que eu amo no Henry é que ele é uma pessoa ensinável. Não consigo contar quantas vezes ele ouviu a minha história, mas sempre o vejo ali, fazendo anotações em seu celular.

Acredito realmente que Deus chamou outros Henry Brandt por aí. Homens e mulheres que estão colocando Deus em primeiro lugar em cada área das suas vidas, que ultrapassaram os limites, que estão caminhando próximos a Deus todos os dias.

Henry fala que sou um dos seus melhores amigos na vida. Eu o chamo de "um irmão em Cristo que me entende".

Ele é um exemplo para sua igreja em Estocolmo e, pelo fato de ele entender o significado disso, os outros também entendem. Essa é uma das razões pelas quais os Kingdom Builders em Estocolmo estão crescendo mais rápido do que em qualquer outro lugar do mundo.

Também digo que Henry é meu pupilo. Mas a verdade é que Deus está levantando e chamando homens e mulheres por todo o mundo para defender a Causa de Cristo na Igreja local.

De modo genuíno, acredito que existem outros Henry em todas as partes.

Hoje, há homens e mulheres em todo o mundo que estão suplicando para receber o desafio de não apenas serem Kingdom Builders com doações regulares, mas também, como eu, de levantarem uma próxima geração de Kingdom Builders em todo o mundo.

UMA CARTA ABERTA A PASTORES EM TODO O MUNDO

Caro pastor, sua igreja está esperando que você faça o trabalho revolucionário de busca de almas e transformação de vidas para o qual você foi chamado.

Eles estão ansiosos para apoiar a sua visão colossal de fazer o Reino avançar muito além do que você pode pedir, pensar ou imaginar.

Muitos deles estão esperando e orando insistentemente pela oportunidade de serem esticados, desafiados, mobilizados e chamados a doar, ir, orar e liderar.

Sim, os olhos deles estão fixados em você. Eles estão observando para ver se você é quem diz ser e se você fará o que Deus lhe chamou para fazer. Eles querem saber se você está levando a sério. Eles querem ver o que você vai fazer primeiro, se você...

Serve antes.

Dá antes.

Sonha antes.

Ora antes.

Vai antes.

Eles realmente acreditam e querem ir "com tudo", querem de verdade.

Mas estão esperando.

Sim, estão esperando serem desafiados pela visão colossal que convoca o melhor de quem eles são e aquilo que eles acreditam ser possível. Estão esperando serem chamados a viver no limite, uma vida do Reino.

A vida sobre a qual eles leram nas Escrituras.

A vida sobre a qual você prega todas as semanas.

A vida abundante que Deus tanto promete nas Escrituras.

Mas eles precisam que você aponte claramente a direção para a qual Deus está chamando a sua igreja.

Querem saber qual é a visão que você tem para eles como uma comunidade de cristão dispostos a ir "com tudo". Querem saber qual é a visão audaciosa e cabeluda que assusta você.

Você sabe qual é. É a visão para a qual você entregou a sua vida e o seu chamado para ser parte. Aquela visão colossal que vai além dos seus sonhos e aspirações mais ousados, aquela visão que requer que Deus se revele e seja glorificado, aquela visão que você morre de medo de dizer em voz alta.

Continuar jogando na defensiva não ajuda ninguém, especialmente a sua família da igreja. A sua incapacidade de sonhar grande faz com que eles joguem na defensiva também. Eles estão tateando no escuro para encontrar a verdade, porque você também está.

Não deixe que seu ego fique no caminho.

Não deixe que sua falta de fé paralise você.

Não deixe que nada, grande ou pequeno, detenha você.

Faça o que for necessário para ouvir a voz de Deus, para sonhar com Ele, para ver o potencial que Ele vê, para conquistar os corações das pessoas que Ele confiou ao seu cuidado.

Não retroceda.

Não jogue na defensiva.

Não desperdice outro domingo. Outra pregação. Outro momento.

Coloque-se de joelhos, abra seu coração e peça pelo impossível.

E, então, compartilhe o que Deus falou com você para a sua igreja. Transforme essa visão em realidade. Busque o melhor nessas pessoas e convide-os para se juntarem a você para fazer desse sonho colossal uma realidade.

As pessoas ao seu redor estão esperando.

Deus está esperando.

E, lá no fundo, você está esperando.

Este é o momento.

Pare de procrastinar e comece a acreditar.

Você foi chamado para muito mais, para construir o Reino e para levantar Kingdom Builders.

Atenciosamente,

Andrew & Susan Denton

PARTE TRÊS

A PRÁTICA

FÉ SE SOLETRA
RISCO

———

Ao longo dos anos, aprendi que a fé realmente se soletra RISCO. E, por risco, quero dizer assumir riscos de forma sábia, aqueles que fazem sentido, não os tolos.

A palavra hebraica para "sabedoria" significa literalmente "viver a vida com habilidade".

Então, quando você se arriscar, que não seja por uma tolice. Use a cabeça, siga o coração de Deus e dê passos de fé, mas passos que façam sentido; passos de fé nos limites da sua zona de conforto; passos de fé não apenas nas suas finanças, mas em cada área da sua vida.

O autor de Hebreus nos fala o seguinte sobre risco e dar passos de fé:

> É impossível agradar a Deus a não ser pela fé. Por quê? Porque qualquer um que deseja se aproximar de Deus deve crer que ele existe e que se preocupa o bastante para atender aos que o procuram.
> **(Hebreus 11:6)**

Medo e fé são a mesma emoção, e o modo como você

se aproxima de Deus diz muito sobre o que você acredita sobre Ele.

Você acredita de verdade que Ele se preocupa com você?

Você confia de verdade que Ele tem em mente os seus melhores interesses?

Você sabe de verdade que Ele vai responder?

Você acredita de verdade que todas as Suas promessas são para você?

Se a resposta for sim, então você estará disposto a dar passos de fé.

Descobri que você não pode estar cheio de fé se estiver temeroso. Acredito que você não pode ter um pouco de medo e ainda ter fé. Esse pouco significa que você está temeroso.

A mesma coisa acontece quando você tem um pouco de fé. Você não pode ter um pouco de fé e estar temeroso. Eles simplesmente se anulam.

Você precisa tomar uma decisão.

Não é fácil, mas você precisa escolher.

Você pode ficar temeroso quando a vida e o diabo lançam coisas contra você, mas você precisa ter uma atitude cheia de fé.

Todas as vezes que me encontro com casais depois de um evento dos Kingdom Builders, sempre faço a mesma pergunta no final da nossa conversa: "Vou vê-los novamente?"

Isso diz muito sobre se eles estão temerosos ou cheios de fé.

Acredite em mim, já estive nessa situação.

No início, eu conseguia falar o "crentês" como ninguém. Mas minha fé sempre tinha dois ou três planos reservas que o Andrew elaborava.

Entendi, então, que a verdadeira fé consistia em verdadeiramente confiar em Deus. Se Deus não se relevasse, eu estaria em apuros.

Para mim, meu primeiro passo de fé foi deixar meu terceiro negócio. Eu trabalharia um terço a menos e passaria mais tempo com minha família. Acreditei em Deus e que Ele abençoaria essa decisão. E Ele assim o fez.

Não sei qual é o seu passo de fé, mas sei que você precisa dá-lo.

RISCO VERDADEIRO

O verdadeiro risco e perigo é ver a vida passar e manter-se em um lugar seguro.

Tento viver com essa perspectiva todos os dias. Agora eu sei demais para simplesmente fazer movimentos seguros. Vivi a experiência que é ver Deus se revelar em meio às situações, inúmeras vezes. Sei o quanto realmente Ele é fiel. Também sei demais para surfar todos os dias e brincar com meus netos. Sei demais para ser tão egoísta.

É por isso que Susan e eu ainda estamos arriscando hoje.

Ainda estamos servindo, ainda estamos vivendo uma vida generosa, ainda estamos assinando cheques e eu ainda estou indo por todo o mundo compartilhando essa mensagem sobre financiar o Reino.

Não consigo mais fazer movimento seguros.

Não me assusto com mais nada.

Continuo dando passos de fé. Susan e eu estamos vivendo no limite: não somos receosos, não somos ansiosos, não temos medo.

Sei o que devo fazer e estou cobrindo todas as minhas prioridades. Sou o tipo de pessoa que prefere fazer bem-feito na primeira e única vez. Aprendi a ser eficiente.

Se você vai se arriscar de verdade, você precisa ser eficiente.

Tenho sido um madrugador a maior parte da minha vida. Tive que aprender a ser deliberado ao fazer as coisas. Eu já defino meu dia antes mesmo do café da manhã.

Por quê?

Para que eu tenha a agenda livre para fazer o Reino avançar, para viajar pelo mundo com essa mensagem.

Acredito que Deus está chamando você para assumir riscos verdadeiros também e, se você for realmente honesto, você vai querer arriscar, vai querer dar passos de fé e desejar a vida abundante que Deus nos promete nas Escrituras.

Quando me tornei um Kingdom Builder, parei de ter movimentos pequenos e seguros; parei de trabalhar, pensar e viver com uma mentalidade de escassez. Comecei a assumir riscos sábios.

Quando olho para trás na minha jornada de fé e para os riscos que assumi, posso dizer com certeza que Deus estava à minha espera.

Quando decidi deixar minha carreira como encanador, saí completamente do jogo da autossuficiência. Por mais que eu tenha desfrutado daquele tempo naquele trabalho, eu sabia que precisava dar um passo de fé em uma carreira diferente — uma carreira para a qual Deus estava me chamando.

Por seis anos, Deus me abençoou por não voltar atrás, por não tomar um caminho de volta e por ir "com tudo" com Ele.

Hoje tenho uma confiança inspirada n'Ele.

Ele nem sempre se revelou quando eu quis que Ele se revelasse, mas Ele sempre chegou no momento certo.

Sabe, eu ainda cometo muitos erros tolos, mas estou arriscando do jeito certo.

Estou dando passos de fé crendo que Deus vai se revelar.

Quanto mais velho fico, mais percebo o quão pouco eu sei, mas a minha confiança em Deus é tão grande que não me preocupo. Apenas creio.

COMECE PEQUENO

Mateus conta uma história sobre um dos milagres de Jesus em seu Evangelho:

> Quando chegaram onde estava a multidão, um homem aproximou-se de Jesus, ajoelhou-se diante dele e disse: "Senhor, tem misericórdia do meu filho. Ele tem ataques e está sofrendo muito. Muitas vezes cai no fogo ou na água. Eu o trouxe aos teus discípulos, mas eles não puderam curá-lo".
> Respondeu Jesus: "Ó geração incrédula e perversa, até quando estarei com vocês? Até quando terei que suportá-los? Tragam-me o menino". Jesus

repreendeu o demônio; este saiu do menino que, daquele momento em diante, ficou curado.

Então os discípulos aproximaram-se de Jesus em particular e perguntaram: "Por que não conseguimos expulsá-lo?"

Ele respondeu: "Porque a fé que vocês têm é pequena. Eu lhes asseguro que se vocês tiverem fé do tamanho de um grão de mostarda, poderão dizer a este monte: 'Vá daqui para lá', e ele irá. Nada lhes será impossível."

(Mateus 17:14-20 NVI)

O milagre real é a fé. Você reparou no que Jesus falou sobre a fé?

Se você tiver apenas um pouquinho, poderá fazer o impossível.

As pessoas vêm a mim toda hora e me perguntam: "Como consigo fazer um cheque de $1 milhão?"

Sabe o que digo a elas? "Faça primeiro um cheque de $5 mil."

Com o passar dos anos, conheci muitas pessoas que acreditam que quando elas conseguirem aquela promoção ou que o negócio delas atinja certo valor, elas se tornarão, então, Kingdom Builders. E quando elas chegam nesse ponto, elas ainda assim não fazem nada, porque estão ganhando ainda mais dinheiro.

Conheço pessoas que me dizem: "Não consigo, não posso dizimar."

Simplesmente digo: "Acredito que o que você não pode é dar-se o luxo de não dizimar. Se não é possível confiar em você com pouco, então você nunca será confiado com muito."

Se você não dá o dízimo quando está ganhando $100 por dia, como vai conseguir quando ganhar $1,000 por dia? Voltamos ao medo e à fé e se você verdadeiramente confia em Deus ou não.

Se você não consegue ser generoso quando tem pouco, você nunca será generoso quando tiver muito. É muito difícil, realmente muito difícil.

Você precisa ter maturidade, precisa crescer pessoalmente e precisa começar agora com o que você tem.

Não sei o que é o impossível na sua vida. Não sei quais demônios você está enfrentando. Mas eu confio nisso que Jesus disse na passagem anterior.

Se tiver apenas um pouquinho de fé, você consegue fazer qualquer coisa.

Não sei qual é o seu passo de fé, mas Deus sabe. O conselho que posso dar a você é: use o que está nas suas mãos. Apenas dê um passo de fé.

Um homem me ligou certa vez e disse: "Andrew, podemos tomar um café?"

Eu disse: "Claro." Ele era um construtor, e achei que teríamos muito em comum.

Nós nos encontramos e, 10 minutos depois que começamos nossa conversa, ele começou a me fazer todas aquelas perguntas básicas sobre construção. Então eu disse: "Cara, como construtor, você deveria saber todas essas coisas."

Ele disse: "Não sou um construtor por formação. Minha experiência é em TI."

Então perguntei-lhe: "Mas o que você está fazendo com uma empresa de construção?"

Ele disse: "Bom, vi todos esses empresários do setor que estavam ganhando muito dinheiro, então comprei uma empresa de construção."

Respondi: "Cara, eu vejo todos esses empresários em TI, mas não compro uma empresa de TI. Gosto de um bom bife, mas também não compro um açougue. Sério, o que você está fazendo?"

Ele faliu. A grama do vizinho parecia mais verde daquele lado e ele pensou que podia fazer isso. Ele fez uma escolha tola e assumiu um péssimo risco.

Deus deu dons a cada um de nós. Então não tente fazer o que outros estão fazendo. Faça o que você sabe fazer. Continue dando passos de fé.

Use o que você tem nas suas mãos.

Você precisa trabalhar com o que você tem.

Romanos 8:28 (NVI) diz:

> Sabemos que Deus age em todas as coisas para o bem daqueles que o amam, dos que foram chamados de acordo com o seu propósito.

É preciso fazer essa pergunta a si mesmo: você está no seu propósito? Você está fazendo aquilo que foi chamado para fazer? Você precisa amar o que você tem para fazer.

Trabalho no setor da construção. Amo construir coisas. Amo ver uma ideia se erguendo do chão e tornando-se real e tangível. É isso o que eu faço.

Não projeto o que construímos, porque não sou criativo. Mas se você me der um plano, posso construir qualquer coisa.

Quais são os seus dons?

Quais pequenos passos você precisa dar?

De que forma você confia em Deus com o que você tem agora? Todas essas são perguntas importantes, são perguntas sobre fé e sobre a vida.

Lembre-se: não existe um "passo errado."

A maioria das pessoas está esperando pelo momento perfeito. Provavelmente você já disse isso a si mesmo: "Esse simplesmente não é o melhor momento."

Sabe o que eu descobri? Não existe o "melhor momento" nem o "momento errado". Apenas dê o passo.

Algumas vezes eu esperei, e foi uma decisão tola. Se Deus está por trás disso, Ele fará com que funcione. Ele pode acelerar as coisas quando precisam ser aceleradas e pode desacelerar as coisas quando elas precisam ser desaceleradas.

Ele é Deus.

Ele está no controle.

Ele cuida de você.

E Ele espera que você dê aquele pequeno passo de fé e confie n'Ele com os dons e recursos que Ele confiou a você.

O que você está esperando?

CAMINHO CORRETO, ATAQUE DIRETO

Com certeza, a primeira coisa que vai acontecer quando você der um passo de fé é ser atacado. E isso é uma coisa boa, pois você saberá que está no caminho correto.

O diabo não quer que você faça o Reino avançar.

O diabo não quer que você vá "com tudo" com Deus.

O diabo não quer que você se arrisque.

O diabo quer que você fique confortável, satisfeito e acomodado.

Por isso, quando você dá um passo de fé, você está colocando um alvo nas suas costas. Susan e eu vivemos isso na pele: vivemos ataques pessoais, físicos e em nosso relacionamento.

Se você acha que está intacto ao ataque do diabo, é nesse momento que você está prestes a ser atacado.

Em apenas 18 meses, tive quatro acidentes diferentes. O último deles quase me matou. Costelas quebradas, dedos quebrados, punhos quebrados e, depois, um tendão rompido. Sei que o diabo está tentando me pegar.

Naquela época, lembro-me de pensar comigo: "E agora? O que mais vem agora?"

Eu sabia que estava no caminho correto e que o diabo estava tentando me matar.

Você precisa entender de forma clara que o diabo odeia quando você é fiel e que ele vai trabalhar para que você duvide da sua fé, duvide do seu chamado para financiar o Reino e duvide das próprias promessas de Deus.

As Escrituras nos dizem que o diabo busca ativamente "roubar, matar e destruir você" (veja João 10:10).

Quando você coloca suas mãos para servir, você pode ter certeza que as dores e as dificuldades virão ao seu encontro.

Mas você também pode estar certo de que Deus é fiel às Suas promessas.

1 Pedro 5:8-11 (NVI) fala sobre o ataque e o que Deus fará:

Estejam alertas e vigiem. O Diabo, o inimigo de vocês, anda ao redor como leão, rugindo e procurando a quem possa devorar. Resistam-lhe, permanecendo firmes na fé, sabendo que os irmãos que vocês têm em todo o mundo estão passando pelos mesmos sofrimentos.

O Deus de toda a graça, que os chamou para a sua glória eterna em Cristo Jesus, depois de terem sofrido durante pouco de tempo, os restaurará, os confirmará, lhes dará forças e os porá sobre firmes alicerces. A ele seja o poder para todo o sempre. Amém.

Efésios 6:11–17 (NVI) nos instrui sobre como combater o diabo quando estamos sob ataque:

Vistam toda a armadura de Deus, para poderem ficar firmes contra as ciladas do Diabo, pois a nossa luta não é contra seres humanos, mas contra os poderes e autoridades, contra os dominadores deste mundo de trevas, contra as forças espirituais do mal nas regiões celestiais. Por isso, vistam toda a armadura de Deus, para que possam resistir no dia mau e permanecer inabaláveis, depois de terem feito tudo. Assim, mantenham-se firmes, cingindo-se com o cinto da verdade, vestindo a couraça da justiça e tendo os pés calçados com a prontidão do evangelho da paz. Além disso, usem o escudo da fé, com o qual vocês poderão apagar todas as setas inflamadas do Maligno. Usem o capacete da salvação e a espada do Espírito, que é a palavra de Deus.

Verdade. Justiça. O Evangelho da Paz. Fé. E o Espírito Santo.

Essas são as nossas armas.

O que é a verdade? A verdade é uma pessoa. Seu nome é Jesus. E a verdade são as Escrituras, as mesmas palavras de Deus.

O que é a justiça? É viver de um modo reto e justo. É caminhar com Deus e ser uma pessoa íntegra.

O que é o Evangelho da Paz? O Evangelho são as boas novas do Reino. É a promessa de que Deus está fazendo de você alguém completo e santo.

O que é a fé? Fé se soletra RISCO. É andar com Deus independentemente da situação e confiar que Ele é fiel às Suas promessas.

E, por último, o Espírito Santo vive em todos os que são filhos de Deus. O Espírito Santo está ali para ensinar, guiar e proteger você do diabo.

Veja as palavras do próprio Jesus:

> Jesus respondeu: "Então finalmente acreditam? De fato, vocês estão prestes a se dispersar. Cada um tratará de salvar a própria pele, e para isso terá de me abandonar. Mas não serei abandonado. O Pai está comigo. Estou dizendo estas coisas para que, crendo em mim, vocês estejam inabaláveis e seguros e desfrutem a paz. Neste mundo mau vocês sempre terão dificuldades. Mas fiquem firmes! Eu venci o mundo."
>
> **(João 16:31-33)**

Como isso é bom! As dificuldades são uma promessa, mas podemos estar certos de que Jesus venceu o mundo.

CONSTRUINDO EM TEMPOS DE INCERTEZA

O Dia das Mães foi diferente esse ano. No momento em que escrevo esse livro, o governo estadual de Nova Gales do Sul, na Austrália, impôs restrições em resposta à pandemia da COVID-19.

As coisas podem mudar drasticamente em tão pouco tempo.

De viver uma vida normalmente passamos a somente ter permissão para receber mais duas pessoas em nossa casa, como visitas, além do meu núcleo familiar. Distanciamento social e álcool em gel são agora imprescindíveis.

Cafés e restaurantes estão fechados. O modo como fazemos compras no mercado mudou. Agora tenho que obter um passe de quarentena para poder pegar voos domésticos entre os estados na Austrália. Se minha empresa de construção não fosse considerada um serviço essencial, eu não poderia viajar de modo algum.

As reuniões da igreja também estão diferentes agora. Não podemos mais nos reunir fisicamente e, por isso, estamos empenhados para que as nossas experiências on-

-line sejam as melhores para ministrar às nossas congregações e ir além delas.

A vida agora é por meio de Zoom, ligações telefônicas e FaceTime.

Em fevereiro de 2020, eu estava visitando as localidades da Igreja Hillsong na Dinamarca. Várias semanas depois, eu estava na Noruega, e o país todo se fechou no dia seguinte do meu voo de volta!

O mundo está sentindo o impacto severo das restrições e as repercussões são de grande alcance. Não está acontecendo somente na minha pequena bolha em Sydney ou na sua pequena bolha onde quer que você esteja nesse mundo.

Essa crise específica mudou o mundo inteiro de uma só vez!

Aceitar a falta de controle requer uma grande confiança. Se ficarmos ansiosos, aflitos e preocupados (que são outros nomes para o medo), o diabo, então, já começa a nos derrotar.

Não tenha medo, tenha fé!

Muito medo está sendo colocado no mundo todo nesse momento. O medo daquilo que "poderia" acontecer está fazendo com que as pessoas tomem decisões imprudentes e sem sabedoria. Temos que nos basear nas promessas seguras de Deus, não nas previsões incertas do mundo.

Deus sabia sobre essa pandemia antes que soubéssemos. Ele já tem as respostas e as melhores estratégias.

Ainda é possível continuar indo "com tudo" mesmo quando as circunstâncias dizem para ir "com nada".

DEUS SEMPRE SE REVELA

Todos nós queremos milagres, mas não queremos estar nas situações de desespero que requerem um milagre. Mas imagine Deus usando até mesmo uma pandemia de COVID-19 para consertar outras coisas na sua vida pessoal, nos seus negócios e nas suas finanças.

É isso o que acontece quando Deus se revela em uma crise. Ele dá respostas que são melhores do que imaginávamos. Isto é o mais emocionante: eu já estou ouvindo tantas histórias de milagres durante esta estação vindas dos Kingdom Builders. São pessoas que, na verdade, poderão dar mais do que haviam se comprometido a dar ou mais do que haviam dado antes. Um amigo do meu grupo de conexão da igreja compartilhou recentemente sobre como os últimos 18 meses foram os piores 18 meses em 20 anos da sua empresa. Você deve imaginar como a quarentena, em virtude da pandemia, fez com que ele se sentisse.

Contudo, sua empresa acabou de ter o melhor mês de abril da história. Na verdade, abril de 2020 foi melhor do que todos os últimos 12 meses.

> Jesus disse: "Guardem isto: ninguém que sacrifique casa, irmãos, irmãs, mãe, pai, filhos, propriedades — seja o que for — por minha causa e por causa da Mensagem sairá perdendo. Eles terão tudo de volta multiplicado muitas vezes em casas, irmãos, irmãs, mães, filhos e propriedades — mas também em problemas. Terão ainda o prêmio da vida eterna. Aí está

de novo a Grande Inversão: muitos primeiros serão últimos; e muitos últimos, primeiros".

(Marcos 10:29-31)

Você sente que está sacrificando muito nesse momento? Os problemas virão, mas esse não é o fim da sua história. A pergunta é: você está colocando a si mesmo em primeiro lugar ou Deus?

Durante estações de incerteza, devemos lembrar que não se trata de dinheiro, mas sim da condição do coração. Nossa capacidade (o que podemos dar) de sermos generosos pode mudar em uma crise, mas nossa convicção (valores e princípios) em relação à generosidade permanece a mesma.

Existe um empresário que eu conheço muito bem, o Sam. Parece que foi em um piscar de olhos que 10 semanas de trabalho foram suspendidas indefinidamente como resultado da pandemia de COVID-19.

Sam compartilhou de um modo muito claro como ele sentiu que Deus o estava guiando: "Sam, você vai sair dessa." Ele agiu conforme essas palavras nas semanas que se seguiram. Sam decidiu oferecer serviços gratuitos aos seus clientes, sem deixar de pagar seus funcionários que estavam em casa e não podiam trabalhar.

Nunca vou me esquecer de quando liguei para o Sam naquela época. Eu precisava fazer uma reforma na minha garagem e queria contratá-lo.

"Claro, vou até aí e faço. Mas apenas se puder fazer de graça."

"O quê? Não pedi nada de graça, Sam. Posso pagá-lo e vou pagá-lo."

"Ah, eu sei que você pode me pagar, Andrew. Mas não é esse o ponto. Quero semear isso."

Fiquei espantado. Aqui estava um homem que não tinha nenhum outro negócio em vista. E, mesmo assim, ele queria semear sementes de generosidade em tempos de incerteza, crendo que Deus produziria uma colheita no futuro.

> Quem dá com generosidade ganha cada vez mais,
> mas quem é avarento acaba perdendo tudo.
> **(Provérbios 11:24)**

Bem, o Sam experimentou a promessa desse versículo. Voltando para casa, depois de ir até a minha, ele recebeu uma ligação. Era uma oferta para realizar um grande trabalho que começaria em dois dias e que demandava que ele empregasse 15 pessoas para entregá-lo!

Deus sempre se revela nas crises. Sam teve que semear primeiro. Depois, a sua generosidade se transformou em uma colheita de provisão e oportunidade milagrosa.

UMA ECONOMIA DIFERENTE

"Isso é 25% a mais do que o preço pedido!"

Antes das restrições da pandemia nessa parte do mundo onde vivo, eu tinha um terreno que não conseguiria dar a ninguém mesmo se eu quisesse! Como os australianos costumam dizer: "Estava fazendo um buraco no meu bolso."

Estava perdendo dinheiro com essa propriedade, mas não tinha nenhuma solução em vista.

Situações como essa poderiam me dar medo, mas,

honestamente, eu estava dormindo bem à noite. Eu sei que Deus tem tudo sob controle. Não é arrogância, é uma grande confiança em Deus, como falei anteriormente.

As coisas que a sociedade diz que deveriam estressá-lo não podem ter esse efeito porque vivemos em uma economia diferente.

De volta àquele pedaço de terra: nesse momento que estou escrevendo, tenho dois possíveis compradores, e cada um está fazendo uma oferta para tentar vencer o outro. Isso mesmo. Em meio a um tempo de incerteza global. E, como resultado, possivelmente sairei do negócio com 25% a mais do que o preço pedido inicialmente.

Não estou compartilhando isso para me gabar, mas para mostrar como Deus é capaz de usar todas as coisas para o bem nas suas próprias circunstâncias. E quando a provisão chega, ela chega. Não haverá dúvidas de que Deus esteve envolvido.

Ter uma confiança em Deus abre o caminho para que milagres aconteçam. Tenho a expectativa de que os desafios virão, mas também uma expectativa maior ainda de que Deus vai cuidar de tudo enquanto eu tomo decisões sábias e declaro Suas promessas.

Temos uma vantagem injusta: podemos orar e pedir pelo favor de Deus e pelo favor das pessoas. Até mesmo das pessoas mais inesperadas.

> O homem bom deixa herança
>   para os filhos de seus filhos,
> mas a riqueza do pecador
>   é armazenada para os justos.
>
> **(Provérbios 13:22 NVI)**

O mundo pode dizer que tudo está indo de mal a pior, mas nós veremos bênçãos sem precedentes em meio a crises sem precedentes e como resultado de crises sem precedentes.

Em certo ponto, vamos olhar para trás e perceber que estávamos posicionados no lugar perfeito.

O TEMPO É UM PROFESSOR E A CRISE É UM REVELADOR

Meu bigode grisalho mostra duas coisas: que tenho vivido a vida por algum tempo e que ainda estou por aqui para escrever sobre isso.

O tempo me ensinou que não posso fazer isso sozinho. Eu preciso de Deus. Esse é um ótimo lugar para se chegar e um modo melhor ainda de se viver.

Susan e eu refletimos recentemente sobre uma outra crise que tivemos que enfrentar há cerca de uma década: a crise financeira de 2007-2008. Ela nos atingiu muito forte. Lembro-me, um ano depois, literalmente, de me ajoelhar e clamar a Deus por ajuda.

E Ele nos ajudou, mas não da maneira que esperávamos. Não foi com dinheiro caindo do céu (isso teria sido maravilhoso). Pelo contrário, Ele usou aquela crise para nos preparar para futuras crises.

Nunca aprendi nada nos bons momentos porque, nos bons momentos, todos nós somos gênios. Mas nos momentos difíceis, quando existe um custo pessoal, é quando do você aprende algumas lições.

Conseguimos reconhecer as fraquezas no nosso modelo de negócios e implementamos mudanças que nos ajudaram e nos protegeram durante a crise atual da COVID-19. Na verdade, estamos crescendo com força e avançando nesse momento.

Foi fácil em 2008? Não! Tudo mudou da noite para o dia? Claro que não. Mas Deus é fiel. O que o "agora" está revelando para você? O que você vai permitir que o tempo ensine?

Aprender a dar e a continuar doando em épocas difíceis vai preparar você para poder gerir melhor a prosperidade e as bênçãos futuras.

Existe uma causa e um efeito para tudo o que fazemos. Quando escolhemos confiar, obedecer e dar passos de fé, a visão ainda pode se transformar em realidade, mesmo na crise.

Talvez seja difícil de ler isto: seu caráter, suas motivações e seus processos são revelados nas crises.

A crise revela aquilo que você já estava implementando antes dela. Se você não foi sábio antes da crise, é possível que haja menos habilidade ou capacidade para se desvencilhar dos tempos difíceis. No entanto, se você já vinha fazendo a gestão dos seus negócios e das suas finanças em um modo espiritualmente saudável antes da crise chegar, você estará em uma melhor posição para enfrentar o que está por vir.

Tudo isso nos faz voltar aos "Quatro D's" que mencionei antes. Trata-se de viver uma vida disciplinada.

> Quem aceita a disciplina traz vida a outros;
> mas quem a ignora perde o rumo e os outros desencaminha.
>
> **(Provérbios 10:17)**

Existem três princípios na minha própria vida, independentemente da estação:

Em primeiro lugar, leio minha Bíblia todos os dias. Não subestime o poder da leitura da Bíblia! Leia-a com grande expectativa de que Deus vai falar com você todos os dias.

Eu me recuso a parar de ler até que Ele fale comigo e me dê uma palavra diária. Vivo minha vida dando passos de fé enquanto o diabo está atacando. Preciso que Deus fale comigo todos os dias.

Minha alma precisa de alimento, assim como meu corpo precisa de refeições diárias! Sim, também precisamos de recursos, como outros livros, cursos, podcasts e pregações, mas a Bíblia deve ser nosso fundamento.

Assim que encontro o versículo que fale comigo, eu o compartilho primeiro com a minha família, no nosso grupo de WhatsApp, e, depois, com outras pessoas. Faço isso já há algum tempo, e chamamos carinhosamente de "Versículo do Dia dos Dentons".

Em segundo lugar, oro todos os dias com a Susan. Amo orar com a minha esposa. Muitas pessoas estão casadas, mas vivem suas vidas sozinhas. O diabo quer separar casamentos porque ele conhece o poder desse pacto espiritual.

Se você não é casado, ore diariamente com outras duas pessoas que têm autoridade para falar à sua vida.

Seja responsável e transparente. Compartilhe o que está no seu coração. Tenham uma conversa sincera primeiro e, depois, orem. É por meio de uma comunicação honesta que o Espírito Santo começa a revelar os temas principais que vão dar forma ao modo como oramos uns pelos outros.

Sempre teremos desafios como Kingdom Builders. O diabo odeia nossa vida de fé. A oração coloca um muro de proteção ao seu redor.

Por fim, reflito nos meus sonhos e nas minhas metas todos os dias. E apenas consigo fazer isso porque tenho todos escritos!

> E o Eterno respondeu: "Escreva isto,
>   escreva o que você está vendo.
> Escreva isso em letras blocadas bem grandes,
>   para que possam ser lidas até por quem passa
>   correndo."
>
> **(Habacuque 2:2)**

Você precisa ter metas em todas as áreas da sua vida: ministério, negócios, família, casamento, saúde e finanças. Você precisa ter uma visão clara e sonhos aos quais se apegar em casos de crise. Eles vão evitar que você mude sua vida para o modo de sobrevivência.

Sem metas escritas, você não conseguirá fazer as coisas que precisa para ter uma vida saudável e frutífera.

O tempo nos ensinou, e a crise nos revela o seguinte: ser um Kingdom Builder não se trata apenas de construir coisas externas para Deus; trata-se de permitir que Ele construa coisas internas nas nossas próprias almas.

Nossa saúde é fundamental: nossa saúde física, nossa saúde mental, nossa saúde emocional e nossa saúde espiritual. O que você precisa fazer para estar mais saudável?

Amado, oro para que você tenha boa saúde e tudo lhe corra bem, assim como vai bem a sua alma.

(3 João 1:2 NVI)

Talvez eu esteja careca, mas escolhi permanecer jovem em espírito! É uma escolha.

DEIXE JESUS LIDERAR E ABRAÇAR ESSA VIDA DE DEUS

"Andrew, você tem algum conselho para os Kingdom Builders que estão com problemas nesse momento?" – essa foi uma pergunta sincera e vulnerável feita por uma jovem não muito tempo atrás.

Foi essa a passagem das Escrituras que usei para encorajá-la:

> Reunindo uma multidão e seus discípulos, Jesus disse: "Quem quiser seguir-me tem de aceitar minha liderança. Quem está na garupa não pega na rédea. Eu estou no comando. Não fujam do sofrimento. Abracem-no. Sigam-me, e mostrarei a vocês como agir. Autoajuda não é ajuda. O autossacrifício é o caminho — o meu caminho — para ser realmente salvo. Qual é a vantagem de conquistar tudo que se deseja e perder a si mesmo? O que vocês teriam para dar em troca da própria alma?"
>
> **(Marcos 8:34-37)**

Jesus nos convida para deixá-Lo na liderança e isso requer humildade e obediência.

Busque sabedoria, peça ajuda, comece com suas disciplinas diárias! Engula seu orgulho e arrependa-se. Dê a volta por cima: nunca é tarde de mais para voltar ao caminho correto.

Amo o fato de servimos a um Deus de graça. Será necessário um trabalho duro para consertar as consequências, mas você ainda consegue voltar ao caminho correto.

Houve momentos na minha vida em que precisei erguer as mãos, admitir meus erros e pedir que o Senhor liderasse a minha vida.

Precisei obedecer, independentemente de ver os resultados da minha obediência neste lado da eternidade. Não nos arrependemos e obedecemos apenas para conseguir bênçãos. Nós nos arrependemos e obedecemos para ter um relacionamento íntimo e uma conexão com Jesus.

Vou encorajá-lo com meu jargão australiano: volte para Deus "bem rápido". Sempre existe esperança nas crises. Podemos sair dos tempos difíceis com frutos, mesmo se fizermos decisões não muito sábias.

Resolva sua vida. Todos nós sabemos o que fazer, mas não fazemos! O mais importante é perceber o problema, identificá-lo, arrepender-se, aprender a lição e avançar com Jesus na liderança.

Este é o principal ponto do processo de salvação: não podemos fazer nada disso pelas nossas próprias forças. Sempre precisamos do nosso Salvador, Jesus Cristo.

Jesus foi direto: "Assumam de fato seu compromisso com Deus, e nada será difícil para vocês. Aquela montanha, por exemplo. Basta ordenar, sem dúvida ou hesitação: 'Pule no mar', e ela obedecerá. Absolutamente tudo, do pedido menor ao maior, que vocês incluírem na oração, será atendido, se vocês de fato confiarem em Deus. E, quando orarem, lembrem-se de que não se trata apenas de pedir. Se vocês têm algo contra alguém, perdoem. Só, então, o Pai celestial de vocês perdoará os seus pecados."

(Marcos 11:22-25)

"Assumam de fato seu compromisso com Deus." Se você vive a vida da maneira correta, dê o próximo passo de fé e confie n'Ele. Ele vai cuidar de você, e você será capaz de construir em qualquer situação, até mesmo nos tempos de incerteza.

DIAS EMOCIONANTES À NOSSA FRENTE

Essa crise da COVID-19, assim como qualquer outra crise, pode fazer com que os Kingdom Builders sejam mais estratégicos, intencionais e efetivos. Não sei quanto a você, mas agora estou usando tecnologia para fazer coisas que poderíamos ter feito antes, mas que não eram necessárias. Agora, essa é a única opção.

Os prédios e as instalações não são os parâmetros que definem nossas igrejas. Esses tempos de incerteza revelaram que nós agora temos a capacidade, por meio da tecnologia, de alcançar uma audiência ainda maior para a mensagem do Evangelho e para o discipulado. Agora somos capazes de ajudar muito mais pessoas. As pessoas estão mais receptivas ao Evangelho.

Esse é o tempo de semear! Talvez ainda não estejamos nos reunindo em prédios, mas existe uma necessidade financeira vinculada a métodos inovadores que surgem de uma crise.

Quando o nosso propósito está focado no Reino e os nossos olhos e ouvidos espirituais estão em sintonia com o Espírito Santo, as oportunidades chegarão para abençoar.

Não somos chamados a dar e doar apenas quando a situação está estável. Somos chamados para construir em tempos de incerteza.

Essa é uma oportunidade para os Kingdom Builders serem generosos e não retroceder!

CONCLUSÃO

É TEMPO DE CONSTRUIR

Se você leu até aqui, suponho que esteja procurando entender o que pode fazer agora.

Bem, o meu grande objetivo ao escrever esse livro era levar a mensagem de como é financiar o Reino.

Minha oração é que esse pequeno livro chegue às igrejas em todos os lugares ao redor do mundo, igrejas grandes e pequenas.

Se você é membro de uma igreja, como eu, você precisa ir direto ao seu pastor e dizer-lhe que você irá "com tudo", dará respaldo a ele e se comprometerá a dar acima e além dos seus dízimos e das suas ofertas normais.

Se você é um pastor lendo isso, você precisa fazer um convite aberto para todos na sua igreja para compartilhar a visão que Deus colocou no seu coração. Não discrimine ninguém. Peça a Deus que Ele levante um Kingdom Builder líder que esteja disposto a compartilhar sua história.

A ambos, eu digo: a torneira está totalmente aberta. Deus quer que você creia e dê o primeiro passo de fé.

Pastor, você é o sacerdote chamado para trazer a visão. Membro da igreja, você é o rei chamado para trazer provisão.

Trabalhando juntos, vocês podem fazer com que o Reino avance na pequena parte do mundo onde vivem.

Vocês podem levantar um exército de Kingdom Builders comprometidos a ir "com tudo" com Deus.

Vocês podem liderar sendo líderes que servem e dando passos de fé.

E eu creio que o primeiro passo de fé é reunir todos os que puder da sua congregação e compartilhar essa simples mensagem.

Eu garanto que você ficará surpreso com os que comparecerão.

Provavelmente não serão as pessoas que você imagina. E isso é uma coisa boa, porque o nosso Deus é um Deus que nos surpreende ao usar os menores para fazer com que Seu Reino avance. Lembre-se de que Susan e eu não éramos milionários quando assinamos nosso primeiro cheque. Então não descarte ninguém.

Nem o trabalhador.

Nem o pai ou a mãe solteira.

Ninguém.

Simplesmente dê o primeiro passo de fé ao reunir as pessoas e compartilhar a visão e o seu compromisso de levantar homens e mulheres para construir o Reino.

Também encorajo que você se reúna com qualquer pessoa ou casal após o evento de lançamento dos Kingdom Builders. Descubra o que mais ressoou em cada um deles e desafie-os a dar o primeiro passo de fé deles.

Normalmente faço essa primeira pergunta nos encontros individuais, e incluí alguns exemplos extras de perguntas no final do livro, para ajudá-los com essa parte.

Os verdadeiros Kingdom Builders irão identificar-se sozinhos. Eles levantarão suas mãos e vão procurá-lo. Esteja pronto para isso.

O seu trabalho é simplesmente reunir as pessoas, ficar de pé e compartilhar a visão e a sua simples história de doação.

Deus fará o restante.

Você pode prová-Lo nisso e ver se Ele não será fiel às Suas promessas, se Ele não vai abrir as comportas do céu e derramar tantas bênçãos que não haverá espaço suficiente para guardá-las.

Eu já vi Deus fazendo isso em todos os continentes nos últimos 24 anos da minha própria jornada como Kingdom Builder.

Por isso, não tenho motivos para duvidar que Ele não será fiel às Suas promessas.

A verdadeira pergunta é: você vai dar esse passo de fé? Porque Deus está apenas esperando por você.

CHECKLIST DOS KINGDOM BUILDERS

☐ O pastor tem uma visão?

☐ Você identificou um Kingdom Builder que possa compartilhar seu testemunho?

☐ Você definiu uma data para o lançamento?

☐ Você anunciou o evento de modo adequado para os interessados?

☐ Você reservou momentos de 30 minutos para encontros individuais com os participantes?

☐ Você criou cartões ou folhetos de Kingdom Builders para que as pessoas possam escrever as suas promessas e compromissos?

☐ Você reservou um fim de semana especial para honrar e investir nos seus Kingdom Builders?

☐ Você compartilhou esse livro com pelo menos 10 pessoas (o núcleo do núcleo) da sua congregação e pediu-lhes que orassem pelo evento?

☐ Você se comprometeu pessoalmente a dar acima e além dos seus dízimos e ofertas?

ANEXO B

PERGUTAS PARA ENCONTROS INDIVIDUAIS

1. O que mais impactou você no evento dos Kingdom Builders?

2. Espiritualmente, você está na mesma página que o seu cônjuge/noivo(a) (caso sejam casados ou noivos)?

3. O que está impedindo você de ir "com tudo" com Deus?

4. Você está vivendo uma vida de medo ou uma vida cheia de fé? Por quê?

5. O que você crê que Deus fará como resultado desse simples convite?

6. Você ora diariamente com seu cônjuge?

7. Se você é solteiro(a), você tem outras duas pessoas de Deus com quem possa orar diariamente?

8. Você tem metas e sonhos que escreveu para sua vida?

9. Você lê a sua Bíblia DIARIAMENTE?

AGRADECIMENTOS

———

Meu Senhor e Salvador, Jesus Cristo – o maior Kingdom Builder da Sua Igreja e da minha vida. Obrigado, pastores Brian e Bobbie Houston, pela sua liderança que me empoderou e me lançou para descobrir e cumprir meu propósito. Muito obrigado a Steve Knox por me ajudar a colocar a mensagem da minha vida em palavras escritas. Celina Mina – muito obrigado por transformar esse livro em realidade. Obrigado, Karalee Fielding, pelos seus conselhos e direcionamentos. Tim Whincop – sua orientação nos detalhes foi inestimável – obrigado, amigo. Sou muito agradecido, Nathan Eshman, pelas suas habilidades com áudio ao produzir a versão em áudio desse livro. Tony Irving, obrigado por oferecer sua magia fotográfica que colocou meu rosto na capa do livro. Obrigado, Mike Murphy, por me incentivar a escrever sobre a jornada e a mensagem dos Kingdom Builders em primeiro lugar. Por último, mas nunca menos importante – minha família e meus muitos amigos que me encorajaram ao longo dessa jornada. Sou muito grato.

SOBRE O AUTOR

———

Andrew Denton é um empresário bem-sucedido e conselheiro de longa data na Igreja Hillsong. Ele viajou o mundo compartilhando uma mensagem simples, inspirando pastores e suas congregações a viver a vida em um outro nível e a financiar o Reino. Andrew mora em Sydney, na Austrália, e criou seus três filhos, pessoas maravilhosas e tementes a Deus, juntamente à sua linda esposa, Susan. Quando era criança, ele queria ser um surfista profissional e viajar o mundo. Deus respondeu uma dessas orações. Quando Andrew não está pedalando, escrevendo para líderes ao redor do mundo nos "Versículos do Dia dos Dentons" ou tomando café, você irá encontrá-lo se divertindo com seus netos em sua casa em Sydney. Honesta, direta e focada em construir relacionamentos, a abordagem de Andrew para o ministério e para a vida não é nada menos do que inspiradora. Suas palestras impactaram centenas de cristãos no mundo todo. É por isso que as verdades que você encontrará ao longo dessas páginas irão desafiá-lo a tornar-se um Kingdom Builder e mudarão para sempre a forma como você serve a Deus.

www.ingramcontent.com/pod-product-compliance
Lightning Source LLC
LaVergne TN
LVHW021122080426
835513LV00011B/1191